LE LIVRE DES COPINES

Du même auteur :

Chronique de l'année people 2006, Chronique, 2006.
Chronique de l'année people 2007, Chronique, 2007.
Harrison Ford, Fitway, 2007.
Le Carnet du savoir-vivre, Flammarion-Le Figaro, 2008.
Le Carnet du savoir-vivre au bureau, Flammarion-Le Figaro, 2009.
Le Carnet du savoir-recevoir, Flammarion-Le Figaro, 2009.
Le Savoir-vivre pour les nuls, First, 2011.

www.editions-jclattes.fr

Laurence Caracalla

LE LIVRE DES COPINES

JC Lattès

Maquette de couverture : Bleu T. © Pascale Etchecopar.

ISBN : 978-2-7096-3817-3

Pour ma sœur

Introduction

Mes copines sont exemplaires. Douées, drôles, sensibles, malignes, disponibles, généreuses et fidèles. D'une fidélité à toute épreuve. Je leur dois beaucoup, elles ne savent pas à quel point. Je ne pourrais pas vous dire ce qu'elles me demandent en échange puisqu'elles ne demandent jamais rien. Il me suffit seulement d'être là quand elles en sentent le besoin, mais pas seulement. Histoire de rire un peu, de bavarder beaucoup, de dire du mal, parfois même du bien… d'être ensemble.

Nos discussions varient selon l'humeur. Leurs points communs ? Elles sont inépuisables et se résument en quelques mots : l'amour, la mort, la coiffure. Cette tournure, empruntée à Coluche, est un joli résumé des conversations de copines.

En me penchant sur la question, en les interrogeant sur nos relations, je réalise qu'elles jouent chacune leur rôle dans ma vie. Je sanglote plutôt dans les bras de Virginie, jamais avec Anouk. Je ne parle pas de la même chose à Pascaline et aux Sophie. Je ris avec Christine de bêtises qui ne feraient sans doute pas sourire Kéthévane. Et pourtant, tous les instants que je passe avec elles sont riches, chacun de leur état d'âme, si différent soit-il, me passionne. À quarante ans passés, nos vies ont pris des tournures inattendues. Souvent gaies, parfois tristes, nous sommes soudées les unes aux autres et l'on sait que, quoi qu'il arrive, on sera là. Quoi qu'il arrive…

Mes copines ont un je-ne-sais-quoi que j'envie. Il me semble, en revanche, n'avoir jamais ressenti de jalousie envers elles. C'est peut-être ça la longévité en amitié. Car une amie, c'est pour la vie. J'ai du mal à imaginer cela autrement. J'en ai connu en couche-culotte, à l'école, à la fac, au bureau, en vacances. Les unes se sont mariées, ont fait des enfants, les autres pas. Elles vivent parfois à des milliers de kilomètres et parfois au bout de la rue. Nous avons suivi des chemins différents et nous sommes restées, au fond, si semblables.

Une relation privilégiée ne peut pas évoluer en deux coups de fil par an. Le temps. C'est ça qu'il faut trouver. Si les femmes sont de plus en plus débordées, elles ont, semble-t-il, de plus en plus besoin de se retrouver. Passez une tête, un soir, dans un bistrot, et amusez-vous à compter le nombre de copines qui dînent entre elles. La râleuse accusera les hommes, leur égoïsme ou leur négligence. Les autres, dont je fais partie, avanceront que ce phénomène de société est dû en partie à notre nouvelle indépendance. Les femmes se marient plus tard, ont des enfants plus tard. Elles travaillent, s'assument sans complexe et aspirent à plus de liberté. Les copines ce serait donc cette liberté retrouvée : parler des hommes sans censure, être grossières si le cœur nous en dit, confesser nos faiblesses, nos trouilles. Tout ce que nous hésitons à faire avec nos conjoints.

Entre copines, plus besoin de plaire à tout prix : vive le laisser-aller. Avec les hommes, depuis la nuit des temps, c'est si difficile. Oublier la femme parfaite. On ose s'avouer, entre filles, qu'on ne fait jamais de gym, qu'on a payé trois cents euros une paire de chaussures, que nos enfants nous agacent et que c'est comme ça. Entre nous, on ne se juge pas. Quoi de plus rassurant que de se retrouver dans un même langage ?

Journalistes, écrivains, cinéastes l'ont bien compris. Les femmes entre elles sont un sujet inépuisable. Même si nous ne nous reconnaissons pas toujours dans ces héroïnes de début de siècle, nous y décelons l'essentiel : les rires, les confidences, la confiance.

Les copines, c'est le remède universel contre les coups de cafard. J'ai beau chercher, je n'ai jamais trouvé mieux.

Introduction

On me demande parfois : « Comment fais-tu pour rester si proche de tes copines, même après tant d'années ? » Il n'y a pas de secret, c'est beaucoup plus prosaïque. Je suis née à Paris, j'y ai fait mes études, ma vie professionnelle. La plupart de mes copines aussi. Cette situation géographique stable nous a sans doute empêchées de « nous perdre de vue », expression qui me fait froid dans le dos. Et puis, j'ai horreur de ces amitiés qu'on dit « fusionnelles », le plus sûr moyen, à mon avis, de se brouiller un jour pour de bon. On s'aime, c'est une évidence, mais on n'a jamais eu besoin de se le prouver à tout bout de champ. Chacune son pré carré, chacune ses petits mystères. Voilà, c'est ça : mes copines se sentent libres vis-à-vis de moi, et moi, vis-à-vis d'elles. Pas de contrainte, juste du plaisir.

Dans ces lignes destinées à celles qui, comme moi, ne pourraient pas vivre sans copines, j'ai enquêté, j'ai voulu comprendre ce lien mystérieux qui nous lie. J'ai demandé à ces femmes comment ça marche. Elles m'ont donné du temps, se sont ouvertes à moi sur un sujet intime parfois, intimidant sûrement. Qu'elles soient remerciées de leur patience. Qu'elles m'excusent d'avoir traqué leur regard, leurs paroles et leurs non-dits.

Que ce livre soit leur cadeau.

Les copines d'enfance

Sait-on comment tout commence ? Comment expliquer pourquoi deux enfants se choisissent ? Les copines d'enfance restent une énigme. Il n'y a, *a priori*, aucune explication sensée à une amitié naissante. Deux petites filles se rencontrent et se reconnaissent. Ça dure parfois une vie, parfois une année scolaire. Dans le premier cas, c'est l'alchimie de deux sœurs dont les liens ne seraient pas de sang. Deux enfants se rapprochent sans connaître l'histoire de l'autre, sans s'embarrasser de l'histoire de l'autre. Et quand la vie vous sépare géographiquement, quand la situation familiale n'est plus la même, rester amies relève du miracle.

Je parle en connaissance de cause. Marion et moi avons été séparées à un âge compliqué : nous avions quatorze ans. Sa famille s'est installée à Lyon, autant dire au bout du monde. À peine arrivée, Marion a subi une opération de l'appendicite et le médecin fut formel : elle réagissait à une anxiété très profonde. Elle m'a dit plus tard que cette angoisse était intimement liée à notre éloignement. C'était bien sûr plus facile pour moi qui demeurais dans un cadre familier. Pendant six ans, nous nous sommes écrit toutes les semaines et, quand Marion fut de retour, ce fut comme si elle était partie la veille. On aurait voulu tester la solidité du lien qui nous unissait, on n'aurait pas trouvé mieux.

Aujourd'hui comme hier, quand Marion se racle la gorge, je la questionne du regard. C'est automatique. Une fois sur dix, elle a une angine. Le reste du temps, c'est qu'elle veut attirer mon attention. Depuis notre plus tendre enfance, Marion et moi avons des mots de passe que nous seules savons décoder. Nous racler la gorge, donc, nous vient de nos interminables cours d'instruction religieuse où chaque tirade du professeur était une invite à nous interpeller sur des sujets capitaux : les yeux de Paul Newman et la moue de Steve McQueen. Chipies nous étions, chipies nous sommes longtemps restées, je le crains. Nous avons récemment retrouvé une cassette d'une de nos conversations d'enfants. Pour une raison obscure, nous nous étions, en effet, enregistrées. À entendre nos chuchotements, il devait être tard. La nuit rend téméraire. Nous avons été abasourdies par notre méchanceté, notre insolence, nos jugements définitifs sur nos petits camarades de classe ou sur ces religieuses choisies par nos parents pour nous donner la meilleure des éducations. Si le devoir des Ursulines était de nous inculquer la fidélité, c'était réussi : Marion et moi sommes toujours inséparables. Mais pour ce qui était de l'amour de notre prochain, c'était raté. Que de chemin parcouru, que d'étapes heureuses ou malheureuses, pour nous rendre, heureusement, plus tolérantes, plus « aimables », plus civilisées...

Aujourd'hui encore, si l'une de nous dérape, se met, pour une raison quelconque, à faire preuve d'intransigeance un peu bête, il nous suffit de repenser à cette cassette. Effet garanti.

Cette vie côte à côte a des avantages : nous avons les mêmes références. Si je prends l'accent allemand pour dire « ma petite robe rouge et ma petite robe bleue », Marion n'a pas besoin d'explications. Elle comprend instantanément que je ne parle pas de ma garde-robe, mais que j'imite Romy Schneider dans *César et Rosalie.* Et si elle me dit : « Ma mère ? Elle est morte... », je ne m'inquiète pas pour la santé de son adorable génitrice, mais reconnais illico la fameuse réplique d'Antoine Doinel dans *Les 400 Coups* de François Truffaut. Je suis même si habituée à sa manière de penser qu'il m'arrive de m'impatienter lorsqu'elle se lance dans de longs discours pour m'expliquer telle ou telle situation. J'ai compris de quoi il retourne après qu'elle a à peine prononcé deux phrases. Je m'en agace, elle se vexe. Quelle importance ? C'est ainsi depuis la nuit des temps.

Un jour en classe, une petite fille, envieuse sans doute de mon attachement à Marion, m'a proposé cinquante centimes par jour pour être son amie. Nous étions toutes petites alors et je n'avais pas conscience de l'immense détresse de cette enfant solitaire. Mon cœur avait fait un bond : quoi ? Elle achèterait donc mon amitié ? Je me vois encore, du haut de mes six ans, refuser tout net cette drôle de proposition. Pour la première fois de ma courte existence, j'avais choisi avec qui je voulais passer le plus clair de mon temps. Des milliers de Malabar ne remplaceraient jamais Marion.

Cette amitié d'enfance, où l'on partage tout, petits et grands secrets, j'y pense toujours avec tendresse. Marion, elle, en est si nostalgique que je dois parfois la bousculer. Nous ne reviendrons plus en arrière. L'intimité de deux petites filles m'amuse, mais j'aime par-dessus tout mon indépendance. Je n'ai plus besoin de lui parler chaque jour, ce qui n'enlève rien à l'amitié que je lui porte. Marion en souffre mais fait comme si de rien n'était. Si je ne lui donne pas de nouvelles, elle croit que je ne l'aime plus, m'envoie des mails terrifiants, m'explique qu'elle a bien compris qu'elle ne fait plus partie de ma vie, et je dois faire preuve de grande psychologie pour la rassurer ! Savoir que je peux, quoi qu'il arrive, compter sur elle, me suffit. J'ai bien peur que, pour elle, ce ne soit pas assez… Mais elle a l'air d'y travailler sérieusement.

* *
*

Il arrive que les copines d'enfance débarquent dans nos vies sans qu'on ait son mot à dire. Les parents raffolent de faire des enfants de leurs copains d'enfance… les copains d'enfance de leurs enfants ! Que celle qui n'a jamais entendu l'angoissant : « J'ai invité la fille de Nicole à déjeuner. Tu verras, elle est adorable », me lance la première pierre. Une petite fille, c'est méfiant. Et c'est comme ça depuis la nuit des temps. Alors quand le rejeton de Nicole débarque, ça passe ou ça casse. La plupart du temps, ça commence par casser. Il faut parfois des années avant que la copine qu'on vous impose devienne une véritable amie. Mais quand ça passe, il faut avouer que ça a des avantages : les vacances en commun, les après-midi à glousser, quand les parents discutent dans la pièce à côté, et la confiance inouïe qu'une mère porte à l'égard de la fille de sa meilleure amie. Confiance, évidemment, sans aucun fondement. On a râlé et puis, un jour, on se met à rêver que nos propres filles deviennent des copines.

On devait changer le monde et on fait comme nos mamans…

Nathalie est l'exemple type de ces amitiés imposées. Je ne me souviens pas de son arrivée dans ma vie. Seulement qu'elle m'a annoncé, comme un défi, que le père Noël n'existait pas. Mauvais début en somme. Nous habitions le même immeuble, nos mères sympathisaient. Plus jeune que moi de deux ans, je lui ai fait payer notre différence d'âge. J'étais la grande, elle la petite, il n'y avait rien d'autre à ajouter. C'était sans compter sur sa ténacité. Elle s'est défendue corps et âme contre son statut de cadette. Coriace, elle ne versait jamais une larme, j'avais pourtant tout essayé. Peu à peu, je me suis laissé convaincre que « la petite » était courageuse et pouvait entrer dans mon cercle. Nathalie me surprenait, moi qui ai si peu le goût de la compétition, par son envie de tout gagner. Car elle était championne de tennis et de ski, championne des vingt sur vingt à l'école et championne toutes catégories confondues de celles qui font se pâmer les garçons dans les boums. Ça énerve, mais je me suis vite inclinée devant cette force de la nature qui, devenue adulte, a su apprivoiser cette boulimie de victoire et avouer ses défaites. Car Nathalie a cette qualité que j'aime tant : elle est capable de se moquer d'elle-même et jamais ne me racontera d'histoires.

Et puis, c'est surtout la championne du monde de l'amitié. Elle m'a prouvé son immense droiture lors de notre adolescence. Nos mères qui se brouillent, ses parents qui refusent de voir leur fille traîner avec moi et ce fut la guerre. Elle s'est battue bec et ongles contre sa famille, a crié, menacé, conspiré et même menti. Ses parents savent-ils aujourd'hui qu'elle est venue chez moi en vacances alors qu'ils la croyaient avec une autre ? Championne, oui, puisqu'elle a finalement gagné la bataille. Ses parents, à bout de souffle, ont battu en retraite. Ils ont dû accepter l'évidence : Nathalie et moi, on ne voulait pas vivre l'une sans l'autre. Des liens d'enfance, ça a les reins solides.

Pourtant, on ne peut pas faire plus différentes. Je m'intéresse au cinéma, elle n'y connaît rien. Elle aime l'art contemporain, je suis inculte en la matière. On pourrait croire nos conversations limitées, il n'y en a pas de plus passionnantes. Nous parlons du seul sujet qui vaille : nos vies intimes. Nos chagrins et nos petits bonheurs. Avec ce naturel, cette franchise que je ne retrouve qu'avec mes amies d'enfance.

* *
*

Une amitié bien différente me lie à Jeanne. Notre relation a mis du temps à s'installer, c'est le moins qu'on puisse dire. Il faut dire que c'était une emmerdeuse. Professionnelle. Du jamais vu. Et bien sûr la fille de la meilleure amie de ma mère. Elle avait quatre ans de moins que moi, ce qui aurait dû me faire passer à travers les mailles du filet. Mais cette gamine m'adorait, Dieu sait pourquoi. Car du haut de mes dix ans, je ne la regardais pas, ne lui parlais pas, bref, je l'ignorais. J'ai cru comprendre qu'elle voulait faire de moi sa copine, ce qui était hautement risible. L'amitié qui liait nos mères m'obligeait à passer des vacances avec elle. On se voyait donc souvent à mon grand désespoir. Car Jeanne était envahissante. Si je lui reprochais sa présence permanente à mes côtés, elle se mettait à hurler, trépignait, furieuse de ne pas faire partie de ma bande. J'avais pourtant trouvé un moyen infaillible pour la faire bouder quelques heures, jamais plus : la traiter de « bébé », attaque simplissime mais perfide qui suffisait à la vexer. Une petite chose me titillait pourtant : j'adorais sa mère, l'incarnation de la douceur et de la gentillesse, et je n'arrivais pas à comprendre comment elle avait pu engendrer un tel petit monstre.

Le temps a passé, Jeanne n'a jamais lâché. Je ne connais personne de plus têtu. Elle a persisté à m'appeler, à prendre de mes nouvelles. En grandissant, sa rage s'est transformée en humour. Maligne, elle avait bien compris que c'était en me faisant rire qu'elle gagnerait mon affection. Et elle avait raison. J'ai fondu : le petit crapaud s'est peu à peu transformé en un personnage irrésistible. J'ai rarement vu quelqu'un de plus attachant, de plus fidèle que Jeanne. S'il lui arrive de s'énerver sur un sujet banal, je retrouve en un instant la petite fille furieuse qu'elle était.

Elle le devine, cligne de l'œil et me prend dans ses bras en se marrant. Après toutes ces années, elle reste et restera, parmi toutes mes copines, celle que je protège, coûte que coûte. Une petite sœur. Elle le sait bien, mais me fait grâce de ne pas en abuser. Et, lorsque nous nous remémorons nos relations d'enfants, elle est encore tout étonnée que je n'aie pas voulu d'elle plus tôt. Ce fut, comment dire, un déclic un peu tardif.

* *
*

Mathilde m'a appris à faire du vélo. Autant vous dire que je lui en suis reconnaissante. Nous étions des petites amies de vacances. On ne se voyait jamais l'hiver et je ne crois pas que cela nous manquait. Dès le 1er juillet, nous reprenions notre conversation interrompue le 31 août de l'année précédente. Elle était intrépide, bien plus que moi, parlait fort, connaissait tout le monde dans cette petite station balnéaire où nous nous retrouvions. Les adultes la saluaient comme une petite princesse, et c'est bien ce qu'elle était : la princesse de Saint-Palais-sur-Mer. J'étais admirative devant cette force de la nature qui ne s'en laissait pas conter, mais qui n'oubliait jamais de faire la révérence aux copines de sa mère. Un drôle de mélange : un peu voyou, un peu femme du monde et elle n'a pas changé. À l'adolescence, Mathilde m'a oubliée. De deux ans mon aînée, elle devait considérer que j'étais bien trop jeune pour côtoyer sa bande de copains. Car il y avait des garçons qui lui plaisaient, si j'avais bien observé sa nouvelle façon d'être, donc des histoires d'amour. J'étais triste, puis agacée de voir le peu d'entrain qu'elle mettait à me dire bonjour lorsque je la croisais. Une de perdue… me répétais-je, persuadée que notre amitié était morte à jamais. J'avais tort. Un ou deux ans plus tard, nous avons parlé sur la plage de notre enfance. Mathilde était attentive, me posant mille questions sur ma vie, et semblait même intéressée par mes réponses. Il faut dire que sa bande n'était pas là et qu'elle devait s'ennuyer ferme. Avant de repartir pour Paris et ne la voyant pas sur la plage, je lui ai écrit un mot. Rien de spécial, quelques phrases pour lui souhaiter un bon hiver. Bien m'en a pris. Elle m'a avoué en avoir été touchée, émue aux larmes. Et décida de m'appeler en rentrant. C'était il y a très, très longtemps. Aujourd'hui, Mathilde a pris une place immense dans ma vie et moi dans la sienne, je peux l'affirmer sans hésiter. Elle est mon socle. Aucune de mes amies n'est aussi patiente avec moi. Aucune non plus n'ose, comme elle, me dire mes quatre vérités. Je n'aime rien de plus qu'être avec Mathilde sur cette plage qui nous a vues grandir. Nous ne nous sommes plus jamais éloignées. Et si, pour la narguer, je lui raconte ma peine en pensant à ces années où je ne comptais plus, elle paraît très contrariée. C'est en général le moment que je choisis pour lui demander de m'offrir une crêpe au chocolat-Grand-Marnier. Et, ça paraît fou, mais ça marche à tous les coups…

Les copines « tardives »

Il est un âge où l'on croit avoir fait son plein de copines. On les connaît depuis la nuit des temps et elles nous suffisent amplement. Et puis arrive un beau jour celle qu'on n'attendait pas. C'est la copine sur le tard qui, peu à peu, sans même qu'on s'en rende compte, prend une place majeure dans notre vie. Cette copine-là est un choix d'adultes. Parfois une espèce de coup de foudre amical. En une heure, on a compris que celle-là, elle nous plaît drôlement. Parce qu'elle est marrante, curieuse, parce que tout ce qu'elle raconte nous passionne.

Si elle est célibataire, on parlera garçons,

thème inépuisable et enthousiasmant, surtout quand on n'a pas soi-même rencontré l'âme sœur. Si elle est mère de famille et qu'elle rencontre une autre mère, les enfants seront leur sujet de conversation favori. La copine tardive est un miroir.

Quand Elaine a débarqué dans ma vie, j'ai vite compris qu'elle n'en sortirait pas de sitôt. Les copines tardives ont ça de bien qu'on se souvient parfaitement de la première rencontre. Je dirais plutôt que j'ai entendu Elaine avant de la voir. Car Elaine parle haut et fort, dernier recours à sa timidité. Sa devise pourrait être : « Voyez ce que j'ai de pire, je vous montrerai, si vous le méritez, ce que j'ai de meilleur. »

Je lui ai trouvé illico les qualités requises pour faire une bonne copine : drôle et disponible, intéressante et intransigeante. Si intransigeante qu'il n'y a pas un jour où je ne me félicite qu'elle aussi m'ait « élue », ce qui n'était pas une mince affaire. Elaine connaît plein de choses sur tout. Elle n'est pas avare de son immense culture et me raconte, sans aucune arrogance, tout ce qu'elle sait et que j'ignore. Depuis une quinzaine d'années, c'est fou ce que j'ai appris sur le cinéma, la littérature et la bonne bouffe. Sa mémoire ne lui fait jamais défaut. À la moindre amnésie, je l'appelle et elle répond à mes questions les plus saugrenues. Quand Elaine parle, ça coule. Je lui dis souvent que, quand elle ouvre la bouche, je crois ouvrir un livre. Ce serait d'ailleurs plutôt un roman-fleuve car Elaine est une bavarde. Qui ne dit jamais de bêtises, rendez-vous compte ! Elle emploie toujours de jolis mots et prononce parfois « car » au lieu de « parce que ». Si vous lui demandez pourquoi, elle vous expliquera la raison linguistique, qu'évidemment je ne connais pas. Ne croyez pas vous ennuyer avec elle. Je pense n'avoir jamais, jamais, été lasse de ses propos.

À force de nous raconter nos vies à tort et à travers, c'est un peu comme si nous nous connaissions depuis toujours. Elle est comme moi, célibataire, et nous nous plaignons parfois de cette situation. Il arrive aussi que nous en riions beaucoup. Nous avons nos enthousiasmes, nos folies sur tel ou tel acteur qui nous a méchamment tapé dans l'œil, et pouvons argumenter des heures sur la nullité d'une pseudo-comédienne, bien trop surestimée. Elaine-la-brillante peut aussi se transformer en midinette de la pire espèce et j'adore ça. Et puis, j'allais oublier, en cas de déprime, et pour pleurer vraiment à bon escient, nous revoyons *Nos plus belles années,* notre film culte, c'est imparable.

Elaine ? C'est une copine d'enfance que j'ai connue à trente ans.

* *
*

Et puis, il y a Claire. Un prénom prédestiné tant le mot « mensonge » ne fait pas partie de son vocabulaire. Une amitié tardive même si je l'ai connue petite fille. Elle habitait de l'autre côté de la Manche et je ne l'apercevais que quelquefois, lorsque son père, ami du mien, venait à la maison. Elle se sentait un peu « provinciale » quand elle venait à Paris et me demandait timidement de lui faire écouter mes disques, de lui faire voir mes films préférés. Claire est ténébreuse et calme, on ne peut pas faire plus différent de moi. Quand elle sourit, elle pourrait avoir, si elle le voulait, le monde à ses pieds. Mais elle est bien trop modeste pour ça.

À presque trente ans, elle s'est installée pour de bon à Paris et c'est là qu'a réellement démarré notre amitié. Claire fait partie de ces amies qui tueraient pour moi. Et qui m'aideraient sans rechigner à transporter le cadavre que j'essaierais de planquer. Sa tolérance est légendaire : j'adore me moquer d'elle, de ses tenues trop « baba cool » à mon goût, réminiscence sans doute de son enfance champêtre en Irlande. Elle accepte mes moqueries avec tendresse et évite même de mettre, quand elle est avec moi, ces écharpes trop longues qui me déplaisent tant. Elle travaille tout le temps et beaucoup trop.

On s'en plaint. Entre deux rendez-vous de la plus haute importance, on entend sa douce voix au téléphone qui s'excuse encore et encore de n'être pas toujours disponible. Claire ne me dira jamais qu'elle a besoin de moi. Je dois le plus souvent deviner ses angoisses. Veiller à être présente quand il le faut. On parle de tout, rarement de rien avec Claire. Elle va à l'essentiel, sans oublier au détour d'une phrase de rappeler qu'elle nous aime.

* *
*

Stéphanie est ravissante. N'essayez pas de l'en convaincre : elle ne vous croira pas. Ne lui dites pas non plus que vous la trouvez intelligente, elle pensera que vous persiflez. Peu à peu, j'essaye de la convaincre qu'elle se trompe complètement à son sujet. Et qu'elle m'est tout à fait indispensable. Me raconter son amitié tardive avec Agnès ne lui fut pas facile. Elle avait peur de ne pas trouver les mots justes, de ne pas savoir exprimer le pourquoi du comment de leurs relations. Et puis, sans y prendre garde, elle fut intarissable.

Agnès et Stéphanie se sont rencontrées alors qu'elles étaient toutes deux enceintes jusqu'aux dents de leur premier enfant. Il m'avait semblé que présenter ces deux copines en ce moment si particulier de leur vie était une bonne idée. Très naturellement des liens se sont créés entre elles. Stéphanie a vite compris qu'Agnès était à l'aise dans cette situation on ne peut plus inédite, alors qu'elle-même se sentait plus anxieuse, partagée entre ce grand bonheur et toutes les questions qu'elle ne cessait de se poser. Agnès est devenue peu à peu la seule personne en qui elle avait une confiance absolue. Elle savait la calmer, la rassurer, répondait avec sagesse aux interrogations les plus importantes comme aux plus anodines. Avec toujours ce calme, cette sérénité absolue que Stéphanie lui enviait parfois. « Je crois me souvenir que je l'appelais jusqu'à cinq fois par jour et que j'ai toujours été reçue avec chaleur et humour. » Il faut dire qu'Agnès a l'art de dédramatiser les situations. Stéphanie avait mal au cœur ? Il fallait arrêter le chocolat. Elle dormait mal ? Elle aussi : le gros ventre, ça gêne. Stéphanie se souvient avec émotion de leurs rigolades quand elles imaginaient leur accouchement, de toutes ces idées de prénoms qu'elles ne donneraient jamais. Elle en oubliait ses angoisses, peut-être même qu'Agnès en négligeait les siennes…

Plus tard, lors d'une petite crise conjugale, Agnès fut la seule à dire à son amie les mots qu'il fallait. Jamais elle ne lui donna raison, jamais elle n'essaya de critiquer son mari. Elle lui raconta seulement ce qu'elle ferait à sa place, sans porter de jugement et toujours avec humour et délicatesse. Stéphanie a suivi à la lettre ses suggestions et bien lui en a pris. Il lui arrive parfois de se demander si Agnès ne lui apporte pas plus de choses que jamais elle ne pourra lui en offrir : « J'imagine qu'elle m'en voudrait de parler ainsi, car elle sait que je lui donne le meilleur de moi. » Mais Agnès ne demande jamais rien.

Stéphanie, au fil du temps, s'est transformée. Plus sûre d'elle, c'est elle à présent qui conseille ses amies. « Agnès m'a appris quelque chose d'essentiel : une amie ne pourra jamais résoudre tous les problèmes, mais, si on sait s'y prendre, elle peut rassurer. Apaiser ses copines, ça n'a l'air de rien, mais je suis bien placée pour savoir que ça peut être énorme. » Stéphanie sait une chose : elle ne la remerciera jamais assez pour tout ce qu'elle lui a apporté. « Je l'ai connue tard finalement, mais c'est sans doute une des rencontres les plus importantes de ma vie. »

* *
*

J'ai d'abord cru que Nina était mon contraire. Je la trouvais « raide ». Pour des raisons professionnelles, je me suis trouvée un jour en face de cette fille un peu grave, un peu ado aussi, et j'ai joué mon va-tout. J'ai tenté de la faire rire, histoire de passer le temps. Elle a dû d'abord regretter d'avoir accepté cette invitation à déjeuner. À l'entrée, nous étions distantes. Mais elle a souri plusieurs fois au plat principal. Au dessert, je me suis demandé si cette drôle de fille ne pourrait pas devenir une amie. Pourquoi ? Je ne saurais trop le dire. Peut-être parce qu'on m'avait dit qu'elle n'était pas facile et que j'aime les défis. Des mots revenaient dans la bouche de ceux qui la connaissaient un peu : « incorruptible », disaient les gentils, « pas sympa », disaient les autres. J'étais curieuse de me faire mon propre avis. Je ne me souviens pas comment notre relation a évolué. C'est venu peu à peu, je crois. Cela se joue à si peu de choses : j'ai trouvé que c'était une fille droite. Elle a dû penser ça de moi.

Je n'aime rien de plus que de la choquer, de la secouer, de lui parler de choses essentielles, comme de la vie sexuelle de George Clooney. Ou bien lui chanter par cœur une chanson des

L5, groupe de chanteuses célébrissime mais éphémère, car tombé cruellement dans l'oubli. Je me vois pour elle comme une récréation. Il faut dire qu'elle ne côtoie que des gens très sérieux. Nina se met toujours en quatre pour moi, me rassure quand j'ai des doutes, ne m'oblige pas à lire des essais psychanalytiques de mille pages dont elle raffole. Et surtout, semble très, très réjouie quand il m'arrive quelque chose de bien. Parfois, on me dit : « Ne me dis pas que Nina et toi vous êtes amies ? » Ça me fait rire. Ça la fait rire aussi. J'aime par-dessus tout voir la tête de ces gens quand j'acquiesce. Oui, Nina et moi, on est des copines, mais on ne se ressemble pas du tout. Comme quoi, dans l'amitié, il n'y a pas de règles. C'est une question d'instinct. Je me suis toujours fiée au mien et je l'ai rarement regretté.

Des amies sur le tard, c'est possible. Que personne n'imagine que son stock est plein. Un jour, sans même s'en rendre compte, on ajoute un nouveau nom sur la liste « favori » de son téléphone portable. J'attends avec impatience de savoir ce que l'avenir me réserve. Car, à quatre-vingt-dix ans, dans ma maison de vieux, je compte bien rencontrer des tas de nouvelles copines.

Les copines de bureau

Comme certaines copines d'enfance, des êtres qu'on n'a pas choisis nous sont imposés. Je vous rappelle que la collègue de bureau, on doit quand même se la coltiner bon an mal an, huit heures par jour et cinq jours par semaine, un peu moins quand même : merci la loi sur les trente-cinq heures. Si on fait partie de ces employés stables, peu enclins aux changements professionnels, on passe finalement une grande partie de sa vie avec les mêmes personnes. Autant faire en sorte que ça se passe bien. Les obstacles à une grande amitié au bureau sont nombreux. Les repères ne sont pas habituels. Il y a les inévitables problèmes de jalousie (« Elle serait pas mieux payée que moi ? »), de hiérarchie (« Elle me trouve vraiment sympa ou c'est juste pour que je lui tape ses rapports le dimanche ») et de promiscuité (« Ça fait du bien quand elle prend des vacances »). Parfois, on dépasse tout ça et on fait *la* rencontre. On se fout de savoir combien elle gagne, on est prête à l'aider vingt-quatre heures sur vingt-quatre et on est toute dépourvue quand son fauteuil est vide. C'est la copine de bureau qui nous fait lever le matin du bon pied.

Je mesure ma chance car cette copine-là, je l'ai rencontrée. Marie-Claire, puisque c'est elle dont il s'agit, me met de bonne humeur. Elle a dix ans de plus que moi, une vie de famille radicalement différente de la mienne et c'est ma supérieure hiérarchique. C'est aussi mon amie. Et ça dure depuis douze ans. Sa présence me rassure, sa fragilité m'émeut, sa loyauté m'impressionne. La difficulté d'une relation comme la nôtre, c'est que plein d'événements travaillent contre nous : l'angoisse d'un nouveau projet, les délais, les désaccords, bref, la vie de bureau. Curieusement, lorsque nous sommes dans la même pièce, même aux pires moments, la tension tombe. Comme par magie. Sans l'avoir jamais exprimé, nous avons conclu une sorte de pacte : quoi qu'il arrive, nous nous respecterons toujours. Ne tomberons jamais dans ces petites mesquineries parfois inévitables sur les lieux de travail. La confiance que nous nous portons l'une l'autre est infaillible. Jamais je n'ai été trahie par Marie-Claire. Elle ne le sera jamais par moi.

Non contente d'être ma supérieure, elle est aussi mon « starter ». C'est elle qui me fait repartir quand je suis à plat. Il m'arrive régulièrement (quotidiennement !) d'entrer dans son bureau, comme ça, pour rien. Elle est souvent au téléphone. Alors, elle me sourit et me fait signe de m'asseoir. Je l'observe, fascinée. Car Marie-Claire reçoit d'innombrables coups de fil d'emmerdeurs et sait avec douceur les éconduire. Du grand art.

Elle me dit quelquefois ses angoisses professionnelles ou personnelles avec pudeur et fait toujours attention à ne pas m'inquiéter. Elle me connaît et sait que je n'aime pas la savoir malheureuse. Elle est aussi secrète, je respecte ses silences, mais nos regards sont éloquents. Il me semble que c'est la seule personne avec qui j'ai eu de vraies conversations muettes ! J'aime aller avec elle dans des réunions ou des cocktails ; un seul coup d'œil, un discret sourire et tout est dit : Untel est décidément insupportable, Machine bien trop bavarde ou très ennuyeuse. Ça doit être ça la complicité.

Lors d'une petite fête organisée par notre bureau, j'ai rencontré les enfants de Marie-Claire. Un peu gênés, ils m'ont demandé si je pouvais les éclairer : ne serait-ce pas moi, par hasard, qui aurais appris à leur mère ces mots, un rien grossiers, qu'elle prononçait de-ci, de-là depuis notre rencontre ? J'avouais, à ma grande honte, que mon langage avait dû légèrement déteindre sur leur mère. C'était malheureusement vrai : Marie-Claire, toujours si civilisée, était devenue, à mon contact, une spécialiste du juron. Mais je n'étais pas si mécontente : j'avais donc une petite influence sur elle.

Marie-Claire s'inquiète de mon célibat, rêve de me voir rencontrer l'âme sœur. S'enthousiasme quand je lui présente un copain : et si c'était lui, le bon ? Elle envie aussi mon statut, me presse de questions sur mes amis, semble parfois nostalgique de ses années où ses responsabilités ne lui prenaient pas autant de temps. Je me dis que j'aimerais plus tard lui ressembler. Alors, je la regarde faire. Espérant réussir un jour à être aussi généreuse, aussi patiente. Je sais déjà qu'il y aura du boulot.

Si je devais un jour changer de job, elle serait sans conteste mon plus grand regret. Étrangement, nous ne nous voyons que très peu hors du bureau, nous avons chacune nos vies. Mais c'est toujours, toujours une joie de la retrouver.

* *
*

Laura a définitivement arrêté de travailler, ce qui ne l'emballe d'ailleurs pas plus que ça. Elle me fait penser à une petite souris qui parle doucement et pèse ses mots. Quand je l'ai rencontrée, elle me paraissait très sérieuse mais j'ai vite compris que c'était un leurre ! Laura, c'est tout le contraire : une imagination débordante, un humour décalé et une amie pudique qui, pourtant, n'hésite jamais à vous dire qu'elle vous aime. On croit la connaître et on se trompe souvent sur son compte. La preuve ? Un jour, entre la poire et le fromage, elle m'a annoncé qu'elle avait écrit un roman. Toute seule, dans son coin, elle avait raconté l'histoire d'une femme qui devient folle à force de trop aimer son mari. Au fond, ce livre lui ressemble : drôle et terrible, sensible et tragique. Car Laura, la petite souris, est un peu tout ça. Une personnalité singulière.

Elle m'a raconté un jour, entre rire et effroi, sa mésaventure avec une copine de bureau…

Tout a commencé lors de l'arrivée de cette Véronique dans l'entreprise. Elle avait sensiblement le même âge que Laura et semblait bien intimidée. Comprenant ses appréhensions, Laura, bonne camarade, l'avait accueillie avec chaleur. D'autant qu'elles allaient partager le même bureau. À la fin de la première semaine, Véronique lui propose de déjeuner chez elle. Un moment très sympathique, suffisamment en tout cas pour que Laura imagine faire de cette nouvelle recrue une copine de bureau.

« Très vite, Véronique savait que j'avais un mari et deux garçons. Elle me racontait ses angoisses de célibataire, m'enviait d'avoir des enfants. Mais ce n'était pas de la jalousie. J'y voyais un genre d'admiration. »

Laura est toujours contente de retrouver sa copine le matin. Et toujours contente de la quitter le soir. Ce que n'avait pas compris Véronique, c'est que la vie professionnelle de Laura s'arrêtait à dix-huit heures et que, une fois la porte de son bureau franchie, elle entrait dans un autre monde : le sien. Véronique réclamait à cor et à cri de connaître son mari. Laura freinait des quatre fers, sachant parfaitement qu'il n'était pas enthousiaste à l'idée de rencontrer ses collègues. Finalement, elle céda. Et invita Véronique à rencontrer toute la famille. Elle s'extasia devant tant de bonheur ! « Ce fut une grave erreur. Depuis ce jour, Véronique, si discrète, entra subrepticement dans ma vie. » Pire, elle se mit à ressembler à Laura physiquement : mêmes vêtements, même coupe de cheveux. Puis ce furent les expressions de langage, la façon de rire, les intonations. Le plus impressionnant, c'est que Véronique finissait ses phrases. Laura comprend que quelque chose ne tourne pas rond. « Un jour que j'entrais dans le bureau, Véronique parlait au téléphone d'un bébé qui faisait ses dents la nuit, puis donnait de mes nouvelles. J'ai compris qu'elle parlait à ma mère, lui racontait par le menu mon emploi du temps et ma vie de famille. J'étais abasourdie. » Elle se met même à donner son avis sur la vie du couple, faisant un cours magistral sur les relations amoureuses en général et la sienne en particulier. « Le jour où notre directeur l'a prise pour moi, j'ai compris. Il était hors de question de faire le remake du film *Jeune femme recherche appartement.* Je n'avais pas le choix : j'ai démissionné. »

Véronique pleura toutes les larmes de son corps en apprenant la nouvelle. Essayant de comprendre pourquoi, comment, suppliant Laura de rester. Celle-ci ne lui donna jamais la véritable raison : « Elle n'aurait pas compris. La folle, c'aurait été moi. »

Les mois suivants, Véronique continua à appeler quotidiennement Laura. Qui espaçait les rencontres puis finit pas ne plus donner de nouvelles. Sans doute trouva-t-elle un autre modèle (une autre cible) car elle cessa de téléphoner. Quand Laura pense à cette période, elle en a encore froid dans le dos. Elle regrette seulement de ne pas s'être expliquée : « Mais comment dire à une copine qu'elle nous fait peur ? Comment lui expliquer que l'affection qu'elle me portait était disproportionnée ? Cette amitié en sens unique a sans doute été difficile à supporter pour Véronique. Mais pour moi, ce fut terrifiant ! »

Sœurs et copines ?

La relation entre deux sœurs est certainement un des liens les plus mystérieux qui soit. Deux filles, nées du même père et de la même mère, devraient, *a priori*, être deux grandes amies. Elles le sont, parfois. Parfois pas. Si les sœurs nous agacent, c'est qu'elles nous connaissent par cœur et ne nous laissent rien passer. On ne prend pas de gants avec une sœur, on fonce. Le drame n'est jamais très loin, les conséquences jamais très graves.

Pour les unes, le regard d'une sœur se confond avec celui de ses parents. C'est un amour absolu, sans discussion, mais jamais tout à fait libre. Pour les autres, c'est un double, un autre soi-même à qui on peut tout dire puisqu'elle peut tout entendre. Et puis, il existe ces sœurs, totalement étrangères l'une pour l'autre, dont l'unique point commun n'est finalement que le sang qui coule dans leurs veines.

Ma sœur et moi ? On ne peut pas faire plus dissemblable. C'est en tout cas ce qu'imaginent tous ceux qui nous connaissent mal. C'est vrai que nous ne nous intéressons pas aux mêmes choses, que nos caractères sont différents. Mais nous nous aimons. C'est avec elle que j'ai eu les plus grosses engueulades de ma vie. Nous en venions aux mains. Elle m'a donné des envies de meurtres et je suis sûre qu'elle aussi a rêvé de m'étouffer dans mon sommeil. Mais qui me connaît mieux qu'elle ? Qui lit dans ses pensées comme moi ? Elle est l'aînée et il n'est pas un jour qui ne me le rappelle. Être cadette a des avantages inouïs : je me tue à le dire à des gamines qui se plaignent de ce statut. Pourtant, mon Dieu, qu'il est confortable ce sentiment enfantin d'être « protégée » par la plus grande...

De savoir qu'un mot, un seul, peu amène envers moi, la transforme en monstre sanguinaire. Dans ces conditions, puis-je affirmer que ma sœur est une copine ? Souvent, je me le suis demandé et toujours il m'a semblé qu'elle était autre chose. Une espèce de seconde mère, même si peu d'années nous séparent. Une protectrice un peu emmerdante qui ne se soucie presque que de moi, mais une copine, non, ce n'est pas le mot qui convient.

J'ai du mal à l'empêcher de me présenter comme sa *petite* sœur. À mon âge, l'expression vire au ridicule. Mais c'est plus fort qu'elle. Récemment, elle m'a même demandé « le respect qui lui est dû », car, selon elle, elle était mon aînée (de trois ans !) et j'avais tendance à l'oublier. À plus de quarante ans, sa réflexion m'a fait rire et me pousse à croire que cette infime différence d'âge me poursuivra longtemps.

Lorsque j'étais enfant, elle était sans doute la personne que j'admirais le plus. Je voulais tout faire comme elle, avoir les mêmes amis que les siens. À l'adolescence, je me suis affranchie : je tenais à mon indépendance et notre relation a changé, forcément. Aujourd'hui, c'est toujours un lien fort, indestructible qui nous lie, même si elle n'est pas la première à qui je raconte mes histoires intimes. Elle m'en veut, me le reproche. Elle comprend mal que je ne veuille pas lui dévoiler certains épisodes de ma vie, que la pudeur m'en empêche. Ma peur de l'inquiéter aussi. J'ai pourtant une confiance aveugle en elle. Sa place dans mon cœur est la même que celle qu'occupent mes parents. Et aux parents, on ne dit pas tout, n'est-ce pas ? Notre affection réciproque est en fait indicible. C'est au-delà de l'amitié. Il m'arrive de sentir par une phrase, une réaction, que nous sommes bien plus semblables qu'on ne le croit, puisque j'aurais réagi exactement comme elle.

Et puis, je peux supporter qu'on attaque l'une de mes copines : je discute, j'argumente, je tente de convaincre. En revanche, il m'est arrivé de me brouiller à mort et définitivement avec quelqu'un qui avait osé tenir des propos très désagréables sur ma sœur : j'ai rué dans les brancards avec une violence qui m'a étonnée moi-même. Ce me fut viscéralement intolérable.

J'aime ses copines, elle aime les miennes. Mais chacune son pré carré. Une seule de mes amies a le « grand privilège » d'être également proche de ma sœur. Ce qui ne devrait être qu'une position sympathique pour la copine en question vire parfois à l'embrouille. Elle m'a avoué récemment entendre des deux sœurs le même son de cloches : « Surtout, ça, tu ne lui dis pas, ça va l'inquiéter », l'obligeant à prendre sur elle pour ne pas gaffer. Que ma sœur et moi ayons un même discours, sans jamais se concerter, m'a amusée, touchée même. J'ai réalisé à quel point nous nous protégions l'une, l'autre. C'est sûr, les deux sœurs ont grandi.

* *
*

Théa n'est pas une enfant. Elle ne boit pas d'alcool, n'aime que le chocolat et les chansons de Jean-Jacques Goldman. Elle sourit tout le temps aussi, mais ce n'est pas une enfant. Elle a quand même trouvé un truc formidable pour continuer à vivre dans un univers douillet, loin de l'agressivité du monde adulte : elle écrit des livres pour les moins de dix ans. Inutile de vous dire que ça marche !

J'aime Théa parce qu'elle sait s'extraire des situations qui l'ennuient. Elle me raconte une histoire triste, bouleversante parfois, puis a cette formidable capacité à passer à autre chose. D'un coup, son visage s'illumine : elle a tourné la page. Le plus important pour elle, est, et sera toujours, les histoires gaies. Le reste, on aura tout le temps d'y penser plus tard. D'où son amour incommensurable pour les comédies romantiques américaines. Elle a compris depuis longtemps que, dans la vraie vie, ce n'était pas comme ça. Mais elle aime bien penser que ça pourrait le devenir. Elle accepte aussi la critique avec beaucoup de grâce. Car je lui demande parfois d'arrêter d'être en boucle : Théa radote et n'est pourtant pas gâteuse. Un mystère.

Sa sœur et elle sont inséparables, les meilleures amies du monde.

Elle a avec elle une relation à part : Tamara sait tout d'elle, de ses pensées les plus intimes à ses problèmes les plus personnels. C'est même une copine idéale puisqu'elle peut l'écouter radoter pendant des heures sur un même thème, se faire raccrocher au nez si Théa n'est pas d'humeur, et même se faire engueuler comme ça, pour rien. Cela ne portera jamais à conséquence. Avec Tamara, Théa est sans complexe. Avec ses copines, elle se contrôle…

Les deux sœurs ont dormi dans la même chambre jusqu'à l'âge de treize ans. L'âge où on a des choses à raconter. C'est peut-être cette promiscuité qui a fait d'elles d'incorrigibles bavardes, que même un professionnel de rhétorique ne pourrait interrompre. Pourtant, depuis toujours, elles ne partagent pas les mêmes amis, ni bien sûr les mêmes petits amis. Surtout les mêmes petits amis : quelle horreur ! S'il arrivait à l'une de s'intéresser de près à un garçon, l'autre, instantanément, allait voir ailleurs. C'était une règle. Une règle « naturelle », évidente.

Théa est la plus âgée, mais elle n'a pas le sentiment, à première vue, d'avoir un comportement d'aînée. Elle ne se sent aucun droit sur Tamara. Même si elle avoue être quelquefois protectrice. Il lui arrive souvent de rêver de sa cadette, piégée dans des situations abracadabrantes, et elle se tient là, prête à la sauver. Lorsque je lui fais remarquer que ça ressemble quand même à un rêve de « grande » sœur, Théa sourit de toutes ses dents et concède qu'au fond elle n'y avait jamais vraiment réfléchi ! Finalement, elle confesse s'angoisser plus pour Tamara que pour ses copines. Les ennuis d'argent de sa sœur, ses ruptures amoureuses sont source de grandes contrariétés, jusqu'à l'empêcher de dormir. Ses copines, et Dieu sait qu'elle les aime, l'ont rarement fait passer des nuits blanches !

* *
*

J'étais loin de me douter qu'une relation difficile avec une sœur était susceptible d'« abîmer » une vie. Rose est une jeune femme fragile de quarante ans. Très attentionnée, il ne se passe pas une semaine sans qu'elle m'appelle. Il faut beaucoup la questionner pour qu'elle parle un peu d'elle. La plupart du temps, c'est ma vie qui l'intéresse. À force de la pousser dans ses retranchements, j'en ai appris un peu plus sur son passé. Aujourd'hui encore, j'ai des doutes : ai-je eu raison de lui demander de me parler de sa relation conflictuelle avec sa sœur ? J'ai cru que cela lui serait facile. Et puis, ce fut tout le contraire.

Peu à peu, tout est devenu plus clair : Rose tente coûte que coûte de rendre joyeuses et saines les relations entre ses enfants, qu'ils aient des souvenirs heureux en commun. Elle voudrait tant ne pas reproduire avec eux ce qu'elle a elle-même vécu quelques années plus tôt.

Rose a sorti d'un tiroir des photos en noir et blanc et nous les regardons ensemble. Deux petites filles se tiennent par la main et se sourient. À gauche, je reconnais instantanément mon amie. L'autre enfant est donc sa sœur ? « Oui, bien sûr, même si je n'ai aucun souvenir de mon enfance avec elle. » Ses vrais souvenirs avec « elle », comme elle l'appelle, commencent à l'adolescence. Rose est amoureuse. Pudique, elle n'en parle à personne. Mais c'est trop dur de ne pas partager ce sentiment inédit. Alors, elle raconte à sa sœur ses émois, son bonheur, ses craintes. Elle redoutait que tout ça ne soit un peu ridicule pour celle qui avait dix-huit mois de plus qu'elle et qui paraissait tellement plus affranchie. Pourtant, sa sœur ne se moque pas, l'interroge au contraire et lui demande finalement de lui montrer l'objet de tant de passion. « Elle l'a vu, effectivement, et s'est amusée à le détourner de moi. » Rose en est sûre : sa sœur n'a pas supporté de la voir amoureuse avant elle. Elle lui a volé le premier amour de sa vie. C'était un jeu sans doute. Pour Rose, une tragédie.

« Comment, après ça, pouvais-je une seconde lui faire confiance ? Depuis ce jour, la rupture était consommée. Je sais que cette “anecdote” m’a rendue à jamais méfiante, un sentiment que je déteste pourtant. » Elles auraient pu s’expliquer ? « J’ai essayé, mais ma sœur avait l’air de trouver tellement ridicule que je fasse un drame de cet épisode. » Elles ont fini par grandir chacune de leur côté, ne partageant plus rien, sans animosité et sans tendresse.

Aujourd’hui, elles se voient de loin en loin. Rose a quelques « sœurs-copines » choisies avec minutie car tout ce qui touche à la complicité lui fait peur. Ses parents souffrent de cette situation, ils rêvaient d’une famille unie et disent « avoir raté leur coup ». Rose a tenté d’en parler une fois avec eux, la discussion a fini en drame. Signe du destin ? Les enfants des deux sœurs s’adorent, se plaignent de ne jamais se voir, rêvent de passer leurs vacances ensemble. Le mari de Rose lui a un jour avoué, presque gêné, qu’il aimait bien son beau-frère et que ce serait agréable, peut-être, de dîner un jour ensemble. Elle m’avoue qu'elle a honte de les priver ainsi d'une partie de la famille, mais faire la moindre concession est au-dessus de ses forces. « J'aurais dû pardonner, je l'ai fait cent fois avec d'autres. Mais là, non, je n'y arrive pas. » Rose avoue cependant que, les années passant, cette relation conflictuelle se tempère un peu. « Les enfants nous ont rapprochées. "Rapprochées" est un grand mot. Tu sais, j'ai construit ma vie sans elle. Ce n'est pas un drame, juste un état de fait. » S'il lui arrivait un jour d'être à bout, elle en est sûre : ce serait la dernière personne à qui elle demanderait de l'aide. « J'irais voir mes copines, les vraies. Elles ne m'ont jamais déçue. »

Les copines mères de famille

On a fait plein de choses ensemble. Les pires comme les meilleures. On pensait qu'on aurait les mêmes vies, en tous les cas des vies qui se ressembleraient. Et puis, en voilà une qui fait un bébé. Ne nous racontons pas d'histoire : un bébé c'est bien, un bébé entre deux copines, c'est un océan de malentendus. Car on découvre un jour qu'une mère a définitivement d'autres priorités que de consoler ses copines. Elle n'ira plus au bout du monde pour vous sauver la mise car il y a le petit qui fait ses dents.

Certaines, pourtant, sont des copines mères de famille un peu exceptionnelles. En clair, elles se débrouillent pour vous faire croire que bébé et amitié sont compatibles. Irène a quatre enfants qui lui prennent beaucoup de temps. Comme celui que nous passions, il y a fort longtemps, à fumer des cigarettes et à se demander si la vie valait la peine d'être vécue. Et pourtant, quand nous sommes toutes les deux, et malgré son portable qui ne cesse de sonner, car l'aîné veut la voiture et le cadet son argent de poche, elle est tout à moi. Jamais, je n'ai eu cette impression qu'elle préférerait être ailleurs que dans ce café où nous nous retrouvons parfois pour deviser de tout et de rien. Elle est si maternelle que j'ai parfois l'impression étrange d'être l'aînée de sa tribu. Elle sait me conseiller sur des choses importantes ou sans intérêt, garde son calme quand je suis hystérique, me rassure quand je m'angoisse et me fait rire quand je suis triste. Bref, elle me parle comme elle parlera à ses filles plus tard : avec énergie et bon sens.

Marie, autre mère de famille, est notre amie. Pas de jalousie dans ce trio infernal où les gros mots et les blagues vaseuses sont notre façon à nous de nous aimer.

Pour moi, célibataire, supporter les enfants des autres vire parfois au supplice. Je ne pourrais compter le nombre de fois où l'on m'assène au téléphone la réplique célébrissime : « Je ne peux pas passer un coup de fil sans que les enfants viennent m'em… », suivie immanquablement de hurlements empêchant définitivement la moindre conversation cohérente.

L'arrivée de ces petits êtres dans la vie de mes copines a bouleversé nos relations. Pas toujours de façon négative, non. J'ai l'honneur d'être la « tante » célibataire qui fait rire ces bambins et qui n'est pas comme les autres dames puisqu'elle n'est pas maman. Je suis fière d'avoir pour filleuls quelques-uns de ces enfants qui me rendent bien l'affection que je leur porte. Élue marraine, je bascule même de copine en véritable membre de la famille.

Mais les baby-sitters coûtent cher et les dîners en ville se font plus rares. Les moments d'intimité, où l'on aimerait bien s'épancher, sont entrecoupés de biberons à donner et de couches à changer. De leçons à réviser et de bobos à soigner.

Irène et Marie savent tout ça. Comprennent avec beaucoup de patience mon agacement. N'empêche. Elles ne peuvent éviter de raconter devant moi la première dent de Gaspard ou la robe d'été taille dix ans, vraiment pas chère, qu'elles ont dégotée, je ne sais où, pour Charlotte. Puis, soupçonnant que cette conversation me hérisse, se coupent, navrées d'avoir été prises en flagrant délit de « mère de famille au foyer ». J'exagère un peu. Leurs maternités récentes ou plus lointaines m'ont enchantée. Leurs discussions sur l'éducation des enfants, leurs progrès, m'intéressent aussi… Je n'oublie pas que leur affection à mon égard est d'autant plus méritante qu'il leur serait plus confortable de ne côtoyer que des mères. Jamais elles n'ont prononcé cette phrase, terrible et condescendante : « Toi, c'est pas pareil. Tu ne peux pas comprendre », jamais.

Irène comme Marie, fortes de leur attachement à notre amitié, trouveront toujours un moment à m'accorder. Entre les devoirs et les cours de danse. Et croyez-moi, ce n'est pas rien.

* *
*

Une phrase revient souvent dans la bouche de Ségolène : « Untel me met la pression. » Qu'on se le dise. Pour être son amie, ne lui imposons rien. Suggérons. Je le sais depuis la nuit des temps et jamais je n'oserais la forcer à faire quoi que ce soit. Elle a eu la chance de rencontrer un homme qui a bien compris son tempérament indépendant : « Tu veux dîner seule avec tes copines ? Va. Tu ne veux pas m'accompagner chez mes parents ? Reste. » Je connais quelques maris qui feraient bien d'en prendre de la graine. Quand j'ai demandé à Ségolène si elle avait un commentaire à me faire sur les copines mères de famille, elle a souri : « Ben oui, tu sais bien, il y a Bettina… »

Ségolène a connu Bettina à l'école. Son amie était orpheline et rêvait d'une grande famille. Elle s'est mariée très jeune et a choisi Ségolène comme témoin. Elle lui a même juré qu'elle serait la marraine de son premier enfant alors qu'elle ne demandait pas tant ! Promesse tenue. Le jour de l'accouchement, Ségolène est à l'étranger pour son job. Elle a droit à sa première scène : « Je n'avais pas du tout conscience de l'affront que je lui faisais. Quoi ! Je n'étais pas à Paris ! Quoi ! Je ne pouvais pas venir voir le bébé dans l'heure ! » Tout cela était de mauvais augure. Mais comment rebrousser chemin ? » La future marraine n'a donc fait la connaissance de son filleul qu'une semaine après sa naissance, et s'en est mille fois excusée. Pour mettre fin à toute polémique, elle dépense ses économies pour lui offrir la barboteuse la plus chère du monde. Et s'attend à des remerciements sans fin. Mais non, c'était normal. Elle était la marraine et devait d'évidence gâter cet enfant plus que la normale. Bettina est partie avec sa famille vivre en province. Ségolène appelle quelquefois : « Le bébé te réclame» était le leitmotiv de toute conversation. De guerre lasse, Ségolène part un week-end rejoindre sa copine. À sept heures du matin, on balance le petit garçon sur son lit. Il était si content de voir sa marraine. À peine réveillée et nauséeuse, Ségolène se voit encore prendre sa première leçon de «changement de couche», tout en se jurant intérieurement qu'elle ne serait jamais mère. Un week-end pénible qui n'en finissait pas. «Et un bébé innocent que j'ai pris en grippe!»

Le petit garçon a grandi et veut, paraît-il, la voir plus souvent. Ne serait-ce pas sa mère qui lui souffle ce discours? Finalement, Ségolène réalise qu'elle n'a plus de conversations avec Bettina. Cet enfant est le centre du monde: «Quand je l'appelle, elle est persuadée que je veux lui parler à lui. J'ai même dû me renseigner habilement sur les horaires de chacun pour n'appeler que quand il n'est pas là. Dans l'esprit de Bettina, je ne suis plus son amie, mais la marraine de son fils. Elle me presse à avoir des enfants. Parlerons-nous alors de mon bébé? Ça l'agacera sûrement : les enfants des autres, franchement, il y a plus marrant ! » Ségolène espère qu'alors leur amitié redeviendra ce qu'elle était. Mais n'en est pas tout à fait sûre non plus…

Les copines et leurs hommes

Comme tout est bien quand on aime les hommes de ses copines. Comme la vie est plus facile, les relations plus gaies, l'amitié plus profonde. Une vraie publicité pour le camembert Machin et l'assurance-vie Truc. Vous en rêviez ? Désolée de vous décevoir : tout ça n'est qu'un fantasme, inventé le plus souvent par les femmes qui n'osent pas faire trois pas sans leur mari… Les hommes de nos amies sont un problème. Un problème à plusieurs visages, surtout au début de leur histoire d'amour. On a connu le discret (notre préféré), l'indifférent (pas mal non plus au fond), et puis celui qui fait des efforts surhumains pour devenir à son tour votre copain (ce qui n'est pas une mince affaire). Ce dernier, soyons justes, agit par amour, ce qui le rendrait sympathique s'il n'était pas tout le temps là. Objectivement, il existe beaucoup d'hommes de la première catégorie : ces discrets, capables de s'éclipser quand la conversation ne les regarde plus, qui ont plutôt l'air contents de nous voir et qui, si l'on reste vigilantes, peuvent se révéler un bon camarade. Et puis, il a surtout la plus grande des qualités : il rend notre copine heureuse.

Essayez de dire à une copine que son fiancé nous ennuie. Qu'il ne nous fait ni rire, ni pleurer, ni chaud, ni froid. La situation est pénible : on doit mentir. S'obliger à demander de ses nouvelles alors qu'on se souvient à peine de son prénom. C'est à peu près ce qui m'est arrivé quand Patrick est entré dans la vie de mon amie. J'ai été incapable de lui dire la vérité. Par lâcheté sûrement, par peur de lui faire de la peine, évidemment.

C'est pourtant un sujet qu'on avait cent fois abordé avant la rencontre avec les hommes de nos vies. Que se passerait-il si l'une d'elles n'aimait pas le mari de l'autre ? Des heures de conversation pour conclure que ce serait impossible : puisqu'on se ressemble, nos maris respectifs se ressembleraient. On avait oublié que l'*amûr* n'a rien, mais alors rien à voir avec l'amitié, fût-elle profonde, sincère et très ancienne.

Elle me dit comme il est drôle : je le trouve pitoyable. Comme il est intelligent : sans doute mais je ne comprends pas un traître mot de ce qu'il me dit. Comme il est beau : que dire ? Il pense, c'est sûr, qu'il est obligé de m'aimer puisque je fais partie de la vie de sa fiancée. Sait-il seulement comme je dois me forcer à lui trouver du charme ?

J'ai même songé à provoquer leur rupture. J'échafaudais des plans machiavéliques pour les séparer pour de bon. Bien sûr, je n'ai jamais mis à exécution ces desseins minables, de quoi je me mêle ? Il ne fallait pas perdre de vue qu'elle semblait heureuse et que, peut-être inconsciemment, je refusais cette situation. J'essaye de me convaincre que j'ai tort, je fais des efforts insensés, mais je n'y arrive pas : Patrick a tout pour me déplaire.

Je n'ose plus lui proposer un dîner sans lui, elle n'a pas l'idée de me suggérer une virée à deux. Je sens que notre amitié en prend un coup, mais elle, s'en rend-elle compte ? Je suis sûre d'une chose : s'il arrivait que je lui dise la vérité, elle cesserait immédiatement de me voir. Mon amie n'est pas femme de compromis. Je ne peux pas lui en vouloir : c'est la qualité que je préfère chez elle.

* *
*

Qu'on ne me taxe pas pour autant d'aigrie. J'ai rencontré un ami très cher grâce à une copine. Ce garçon qui m'a accueillie chez lui ce jour-là était sympathique et chaleureux. Ça tombait plutôt bien car je n'étais pas très à l'aise en arrivant chez Clara. Elle m'avait parlé de ce

Thierry avec qui elle vivait à présent et, allez savoir pourquoi, j'imaginais un intello sinistre. Il faut dire qu'il fait du théâtre : je m'attendais à de passionnantes conversations sur l'œuvre de Claudel. J'en bâillais d'avance. Mais lui, c'était plutôt Molière et Rostand, Desproges ou Coluche. En une soirée, je suis tombée sous le charme de ce garçon rigolo et passionnant. Clara a vu que la soirée prenait et en fut soulagée, je crois. Dès ce soir-là, ce comédien fut mon ami et mon complice. J'ai su bien plus tard qu'il appréhendait lui aussi notre rencontre. Clara lui avait beaucoup parlé de moi, de l'importance de notre vieille amitié. Si ça ne collait pas, il prévoyait des lendemains difficiles. Je suis certaine que de m'entendre aussi bien avec l'homme de sa vie aura été le plus beau cadeau que je pouvais offrir à Clara.

Il arrive pourtant que nous ayons des mots. Le garçon en question est parfois excessif, je vous rappelle qu'il est acteur. Nous partons alors dans ce genre de discussions un peu trop passionnées qui finissent mal, en général. Un jour, alors que nous n'avions pas du tout la même opinion sur une actrice que je trouvais médiocre et qu'il trouvait géniale, mon sang n'a fait qu'un tour : je lui ai balancé un verre à la figure. Il était, comment dire, interloqué. Moi, plutôt gênée. Je me suis excusée, non pas auprès de lui, mais j'ai demandé timidement pardon à ma copine qui n'avait pas l'air de m'en vouloir. Clara est un arbitre hors pair. J'avoue qu'elle prend assez souvent mon parti. Thierry a depuis bien longtemps baissé les bras. Il ricane de notre coalition et lâche, théâtral forcément : « Quand les femmes se liguent contre nous, on fait comment pour s'en sortir ? » Vaste sujet !

* *
*

À cause d'un homme, Marine aurait pu passer à côté de l'une des plus belles histoires d'amitié que je connaisse. Avec Sabine, elle forme un duo que j'envie. Que tout le monde envie. Ces deux-là s'adorent : il n'y a qu'à les regarder s'esclaffer ensemble, se passionner pour les mêmes choses, se comprendre d'un regard, pour s'en rendre compte. Marine m'a raconté comment un homme a failli tout briser. Quinze ans plus tard, elle en est encore émue. Quand Sabine a rencontré Marc, Marine a tout de suite compris que sa copine était malheureuse. D'abord parce qu'elle ne lui racontait qu'un dixième de cette relation chaotique. Amies depuis l'enfance, elles se permettaient de se juger l'une l'autre, de se conseiller. Cette fois, Sabine lui cachait la vérité et refusait le point de vue de son amie. Marine savait qu'il y avait un problème et en voulait à ce Marc de faire souffrir cette fille si formidable. Finalement, elle a rencontré l'objet de tant d'animosité. Elle avait espéré se tromper, mais, non, décidément ce type la laissait indifférente. Marine, avec sa franchise habituelle, dit tout le mal qu'elle pensait de cette relation. C'était au cours d'un dîner en tête à tête dont elle se souviendra toujours : « J'avais en face de moi une

Sabine inconnue qui m'asséna des propos violents. Elle me dit que je vieillissais mal, que je devenais aigrie. Puis, elle se leva brusquement. Je ne devais plus la revoir pendant des années. » Des années où Marine décidait que le responsable de ce cauchemar était ce salopard qui lui avait volé sa copine. Quelque temps plus tard, elle apprenait que Sabine avait eu un enfant et qu'elle semblait heureuse. Mais la rupture était consommée : elle ne voulait plus entendre parler de son amie.

De son côté, Marine a vécu une histoire d'amour malheureuse. Elle souffrait et savait au fond d'elle que seule Sabine aurait eu le pouvoir de l'apaiser. Elle pensait de plus en plus à elle, c'est fou ce qu'elle lui manquait. Un jour, n'y tenant plus, elle a décroché son téléphone… Immédiatement, Marine a senti que son émotion était partagée. Sabine voulait la voir, là, tout de suite. Et précisa en riant que son mari ne serait pas présent. Il était pourtant là : c'est lui qui a ouvert la porte. Marc a regardé Marine en souriant, un sourire sans ironie et précisa qu'il allait partir. Avant de sortir, il avait juste eu le temps d'allumer un feu de cheminée et de mettre du champagne au frais. Ce garçon ne pouvait pas être celui qu'elle avait connu des années auparavant. Et pourquoi était-il si charmant avec elle ? Sabine devina ses interrogations. Non, il ne la détestait pas. Oui, il était sincèrement heureux que sa femme ait retrouvé cette amie qui lui manquait. « J'étais honteuse. J'avais gâché toutes ces années parce que je n'avais pas essayé de connaître Marc, ni de comprendre Sabine. Je suis revenue le lendemain, mais avec mes conditions : il fallait que je passe la soirée avec son mari. » Ce fut un moment important pour tous les trois. Ils furent à la fois francs et sincères. Avec comme une envie de s'excuser et de rattraper le temps perdu. Quelques mois plus tard, ils partaient ensemble pour un pays lointain. Marine a dû se rendre à l'évidence : Marc avait été le bon choix et « si quelqu'un s'était trompé dans cette histoire, c'était bien moi ».

* *
*

Aujourd'hui, Séverine raconte l'histoire en riant. « Cela fait si longtemps. J'étais surtout si jeune ! » répète-t-elle plusieurs fois ce jour-là. C'est une petite anecdote qui n'a l'air de rien mais qui en dit long sur l'importance que Séverine porte à l'amitié. Elle a vingt ans quand je la rencontre à la Sorbonne et elle deviendra très vite « ma copine de fac ». Nous étions inséparables pendant la semaine, partagions notre trac avant les examens et pas mal de fous rires dans les amphis. On se parlait beaucoup de nos amis, de nos amoureux, même si on ne les rencontrait jamais. Ce n'était pas qu'on ne le souhaitait pas, juste que notre vie à la Sorbonne était un peu à part. Comme si on ne voulait pas tout mélanger. Séverine savait donc que j'étais amoureuse. Du sérieux. J'en parlais beaucoup, racontais les bons et les mauvais moments. Ce n'était pas une relation très facile. « Tu me parlais de ce garçon qui avait l'air d'avoir tant de charme. Un peu maladroit, un peu empoté, et tout à fait irrésistible. » Au bout d'un moment, Séverine a l'impression de le connaître par cœur, alors qu'elle ne l'a jamais vu. Et m'avoue aujourd'hui fantasmer secrètement sur ce séduisant « Gaston Lagaffe ». Et puis un jour, le drame : j'arrive à la fac défaite. L'amoureux en question m'a plaquée sans autre forme de procès. Elle a mis des jours, des mois à tenter de me réconforter, mais rien n'y faisait. Je maigrissais à vue d'œil, c'était terrible. Six mois passent et je décide d'organiser une fête pour mon anniversaire. Séverine est bien sûr conviée, ravie de faire enfin la connaissance de ma petite bande dont elle avait tant entendu parler. À peine arrivée, un garçon lui renverse entièrement son verre de vin sur sa jolie chemise blanche. Le type s'excuse, confus, lui lance que, décidément, ce n'est pas son jour, qu'il a déjà aspergé une autre copine deux minutes avant. Un doute l'assaille : « Je lui demande son nom, c'était lui, ton amoureux briseur de cœur. J'aurais dû m'en douter ! » Pour s'excuser, il lui propose de prendre un (autre) verre, et, de fil en aiguille, ils passent un long moment ensemble. Séverine craque complètement : « Un coup de foudre. Je n'avais qu'une trouille : qu'il aille discuter avec d'autres. Il fallait à tout prix qu'il reste assis à côté de moi et que l'on continue notre conversation. » À la fin de la soirée, le jeune homme lui demande son numéro qu'elle s'empresse de lui donner. « C'est dans le taxi, en rentrant, que je me suis rendu compte de ce que je faisais. Je savais comme il avait compté pour toi, et comme il devait encore compter, et voilà que j'étais à deux doigts d'avoir une histoire avec lui. » Elle pèse le pour et le contre. « Le pour ? Et si c'était l'homme de sa vie ? Le contre ? Comment pourrais-je te regarder dans les yeux ? » Rentrée chez elle, son choix était fait. Dès le lendemain, il a téléphoné. Elle lui a promis de le rappeler et ne l'a jamais fait. « Je ne regrette pas une seconde d'avoir agi ainsi. Je ne me sens pas pour autant géniale. Peut-être quand même une bonne amie, c'est déjà pas mal, non ? »

Ce n'est que des années plus tard que Séverine m'a tout dit. J'ai trouvé ça plutôt drôle et j'ai regretté qu'elle n'ait pas foncé. « Tu crois vraiment ? Je crois, moi, que l'amoureuse éperdue de l'époque n'aurait pas supporté. » Il nous arrive de faire allusion à cette aventure. Qui n'a jamais porté à conséquence. Séverine a vite oublié son coup de cœur inavouable. Mais je la cite souvent en exemple : « Ça, c'est une copine, une vraie ! »

Les copines et les enfants

Avoir des enfants en même temps que ses copines, on en a toutes rêvé. Penser que l'on donnera à tout ce petit monde la même éducation est un pur fantasme qu'il faut immédiatement dissiper. Non, non et non, Antoine, le joli petit blond de votre meilleure copine, peut aussi s'avérer un sale mioche que vous rêvez secrètement de gifler. Des dizaines de témoignages se recoupent : pour garder une copine, ne passez pas vos vacances avec elle : a) en famille b) dans une même maison. C'est un conseil d'amie qui vous veut du bien. Interrogez votre entourage : chacun ira de sa petite anecdote sur ce jour précis où tout a basculé. De cet instant maudit où l'on a pu lire comme de la haine dans les yeux de celle avec qui on avait tout partagé. Parce qu'on a osé dire que son petit, il est gentil, mais qu'il commence sacrément à nous casser les oreilles. Évidemment l'amour d'une mère pour la chair de sa chair est irraisonné. Et, comme l'éducation varie selon les familles, le drame interplanétaire, croyez-moi, n'est jamais très loin.

Agathe est un cordon-bleu, fait du point de croix et adore jardiner. Autant dire que nous avons bien du mérite à être des amies. Au premier abord, on pourrait lui prêter un cœur de pierre, je n'en ai jamais vu de plus tendre. Elle me parle souvent de ses amies qui, chacune leur tour, ont eu un rôle important dans sa vie. Agathe ne fait pas les choses à moitié et c'est toujours avec une émotion extrême qu'elle parle de la relation, parfois compliquée, qu'elle entretient avec ses copines.

Agathe a longtemps cru qu'elle n'aurait pas d'enfants. Les médecins n'y croyaient plus. Ce verdict, Agathe l'a refusé et, grâce au soutien de son entourage, elle s'est battue. Une petite fille est née et aujourd'hui encore, elle reconnaît que son amie Bénédicte a toujours été là pour l'aider à ne pas baisser les bras. À présent, les deux copines ont une fille du même âge. Cette année-là, les vacances, ça se passe ensemble, dans une grande maison au bord de la mer. Les petites ont les mêmes jeux, les mêmes copains… mais pas la même éducation. Ce qui ne devrait pas être un problème prend des proportions inquiétantes. Quand Agathe parle, sa fille ne l'interrompt pas, quand elle doit se coucher, elle file dans sa chambre. La fille de Bénédicte a, elle, toujours une requête à formuler quand sa mère est en pleine conversation. Requête sans doute de la plus haute importance puisque le temps semble soudain s'arrêter pour que la petite merveille puisse s'exprimer. Il est évidemment hors de question qu'elle aille dormir à l'heure dite : « On n'est pas des bourreaux et puis c'est les vacances », répète inlassablement Bénédicte. « Alors le jour où la chair de ma chair a refusé de monter se coucher parce que, « tu vois, Bénédicte, elle dit que t'es trop sévère », j'ai craché mon venin. Je me donne un mal de chien pour donner un semblant d'éducation à ma fille, ce n'est pas pour qu'on détruise mes efforts en un mois. » Le lendemain, ses valises étaient faites.

Agathe n'a pas parlé à son amie pendant des semaines et en a pleuré tous les jours. « Moi aussi », lui a dit Bénédicte quand elles se sont retrouvées. Autour d'un verre de rosé, elles se sont d'abord juré une amitié à la vie à la mort. Ensuite, que plus jamais elles ne séjourneraient sous le même toit plus de trois jours. Elles ont tenu leurs promesses. Agathe et Bénédicte, c'est les deux doigts de la main. Hors vacances scolaires.

* *
*

Clotilde aura bientôt trente ans, ce qui ne cesse de l'angoisser. Elle a eu ses deux enfants très jeune et rêve pour eux d'un avenir souriant. C'est une jeune femme tolérante et patiente, calme aussi. Lui reprocher la manière dont elle élève ses enfants peut pourtant la mettre très en colère.

Le mot qui lui vient à l'esprit quand elle pense à ces vacances à Royan, c'est « humiliation ». Le mot n'est pas trop fort pour exprimer ce sentiment douloureux qui l'a animée pendant ces deux semaines. Humiliation d'avoir mal élevé ses petits, c'est en tout cas ce qu'on lui a fait comprendre dans cette belle maison au bord de l'Atlantique. Les enfants de Clotilde sont petits. Il leur arrive d'être capricieux, de parler trop fort et de dormir mal. Sans être laxiste, elle essaye avec son mari de comprendre leurs problèmes. Mais ils se sont sentis bien seuls. La progéniture de sa copine et de son mari est plus âgée, donc plus raisonnable. Sans doute ce couple, pourtant accueillant, avait oublié ce détail. Clotilde, sentant que ses enfants « dérangeaient », a passé ses vacances à surveiller le langage des enfants, à se précipiter la nuit dans leur chambre au moindre sanglot et à s'abîmer la santé pour ne surtout pas perturber la maisonnée. Elle culpabilisait. Peu à peu, une espèce de gêne s'est installée entre Clotilde et son amie avec qui elle se faisait une joie de partager quelques jours : elles en venaient à parler de tout, de rien mais jamais des enfants. Elle attrapait au vol un regard agacé ou un sourire narquois et elle crevait d'envie de s'expliquer. Mais son mari calmait ses ardeurs, voulant éviter tous conflits. L'amie, experte en éducation, vous l'avez compris, lui en donne pourtant l'occasion : « Elle a fait le reproche de trop à ma fille et je lui ai expliqué, avec tout le calme dont j'étais capable, que mon enfant était gentille, mignonne, mais qu'elle n'était tout simplement pas parfaite. » Clotilde n'a pas dû être assez claire puisque la bonne copine a continué à faire des remarques désobligeantes. Peu à peu, c'est Clotilde qui s'est mise à prendre en grippe les enfants de ses copains. Les vacances se sont achevées dans une ambiance déplaisante : « J'en suis arrivée à la conclusion que l'amitié, la plus solide qui soit, ne peut pas tout supporter. Et encore moins quand il est question de nos enfants. »

* *
*

Les enfants des copines ont grandi. Ce sont souvent des adolescents, d'autres fois de « jeunes adultes », vilaine expression que j'entends sans cesse. J'aime les écouter, traquer leur ressemblance avec leurs mères, mes amies. Leurs différences aussi. De qui Camille tient-elle ce caractère impossible ? De qui Matthieu tient-il ce tempérament fonceur ?

Si j'aime les écouter, c'est qu'ils ont toujours quelque chose à m'apprendre. J'essaye d'en savoir un peu plus sur leur vie, en prenant soin de ne pas être indiscrète. S'ils veulent se confier, ils savent que ma porte leur est ouverte. Je crois qu'ils ne se méfient pas de la copine de leurs mères. Ils ont bien raison. J'en ai surpris certains, verre de rouge à la main et clope au bec. J'en ai croisé d'autres, en pleine nuit, qui avaient d'évidence fait le mur. Chaque fois, ils me regardent, affolés : « Tu ne diras rien, hein, tu promets ? » Je promets bien sûr, mais me crois obligée de leur faire un laïus sur les méfaits de l'alcool et du tabac et sur l'insécurité qui règne de nos jours dans les rues de Paris.

Les enfants de mes copains adorent m'entendre parler de leur mère à leur âge. Exercice dangereux si j'en crois le regard explicite que me lancent les génitrices concernées quand je me jette à l'eau. « Elle travaillait bien à l'école, Maman ? » Aïe, ça commence mal. D'autant que cette copine n'a jamais dit à ses enfants que son bac « c'est pas que je l'ai raté, je l'ai jamais passé. Nuance. » Dois-je dire à ce charmant ado que sa mère a répété toute sa jeunesse « les études, ça sert à rien », elle qui passe un temps fou à lui dire d'aller travailler ? Oserais-je dire à cette gamine que sa mère aimait tant faire la fête, elle qui n'a pas toujours le droit de sortir ?

Je m'amuse de ce décalage, prends souvent position pour les plus jeunes, quitte à m'attirer les foudres de leurs mères. J'ai beau leur rappeler qu'à leur âge, on ne pensait qu'à s'amuser, elles sont presque toutes devenues amnésiques. Ne se souviennent pas de ce temps béni où, malgré les parents, les profs et tous les autres, on se débrouillait pour faire ce qu'on voulait. Quand j'insiste, elles retrouvent parfois la mémoire.

Les enfants de mes copines peuvent me remercier : ce soir, ils auront la permission de minuit.

La rupture amicale

J'ai longtemps pensé qu'une amitié sincère ne pouvait pas se briser. Il n'est, *a priori*, plus question de dominant-dominé, mais d'une relation équilibrée, sans jalousie ni rancœur. Et puis, la réalité nous frappe en plein visage : celle dont on était si sûre, nous a trahie. Et si on ne pouvait faire confiance à personne ? On se désespère, mais le téléphone sonne, les amies, les vraies, vous rappellent qu'elles sont là pour toujours. Et qu'une amie de perdue, c'est dix de retrouvées…

Mettons les choses au point. Une copine, c'est aussi fait pour se disputer. Que celle qui n'a jamais été irritée, contrariée, exaspérée par l'une d'entre elles me lance la première pierre. Je me dispute donc avec mes amies pendant, quoi ? cinq minutes ? et, avec l'âge, je fais en sorte que cela ne dure jamais plus longtemps. J'ai même, un jour, appris à m'excuser. Mon Dieu comme ça fait du bien. On ne devrait pas s'en priver. Comme nos copines nous aiment, elles passent l'éponge facilement. Il m'est arrivé une fois, une seule fois, de ne pas pardonner. Ai-je eu tort ? Toujours est-il que je n'ai jamais revu cette amie que j'aimais beaucoup. Camille avait du charme, c'est indéniable. Un charme qui n'a pas échappé au garçon dont j'étais amoureuse. Des exemples comme ça, on en trouve plein les films, plein les livres. J'ai conscience que c'est une histoire banale. Sauf que, naïvement, je n'imaginais pas qu'une telle situation pourrait un jour m'arriver. Je suis tombée de haut.

Puisqu'il était impossible de retrouver une complicité quelconque avec elle, il fallait rompre. Pour de bon. J'ai donc invité Camille à prendre un café. Elle était fébrile, mal à l'aise bien sûr. Je lui ai demandé de me regarder droit dans les yeux et lui ai asséné, théâtrale, que plus jamais elle ne me reverrait. Je faisais la fière. Au fond, j'en voulais davantage à Camille qu'à ce garçon qui, ne l'oublions pas, m'avait aussi trahie. Mais j'avais toujours parlé avec elle un langage de solidarité et d'affection, je ne savais pas qu'il fallait ajouter le vilain mot de compétition. Cette histoire m'a fracassée. J'en ai bavé des ronds de chapeau. Et qui vint à ma rescousse ? Mes copines bien sûr. Des acharnées celles-là. La première régla son compte à la traîtresse en me décrivant avec moult détails ce qu'elle lui ferait subir, si, par malchance, elle la croisait dans la rue. La deuxième, fine psychologue et femme délicate, rêvait de la déchiqueter dans un mini-broyeur, acheté pour l'occasion. Une autre, infiniment triste pour moi, était, au fond, assez contente d'être débarrassée de cette Camille qui me prenait du temps. La dernière, me voyant maigrir à vue d'œil, m'achetait des petits plats et ne repartait pas tant que je ne les avais pas avalés.

Voilà, j'ai guéri. Plus vite que je ne l'aurais cru. Je sais que je le dois à toutes ces copines qui font que j'ai honte d'avoir un jour désespéré de l'amitié.

* *
*

Barbara décrit ses copines avec un grand sérieux. Elles tiennent toutes une place essentielle dans sa vie. Elle prend son temps pour en parler, et j'adore sa manière de choisir ses mots avec soin, cette façon de ne rien laisser au hasard. Elle est entourée de quelques amies dont elle est sûre et dont j'ai l'honneur de faire partie. « Mes copines, c'est à la vie, à la mort », me dit-elle en souriant. Pourtant, plus jeune, elle s'est trompée…

Elle a connu Patricia en Italie où, depuis l'enfance, elles passaient leurs vacances. Parfois même, elle venait quelques jours chez son amie, à Marseille, dans cette grande maison qui l'impressionnait un peu. Elle se sentait moins mûre que sa copine, moins « citadine ». Il faut dire que Patricia savait plein de choses sur les garçons, lui expliquait comment on embrasse, comment on séduit. Au fond, Barbara était fascinée. À l'adolescence, elles se retrouvent tout l'été en Italie. « J'avais bien appris mes leçons et je vivais des histoires d'amour. Systématiquement, Patricia me piquait mes amoureux. J'aurais dû être furieuse ou blessée. Or non seulement je m'effaçais, mais j'étais flattée qu'elle s'intéresse à ces garçons qui m'avaient plu. Une vraie gourde, quoi. » Barbara admirait sa copine, si féminine, si à l'aise. Elle ne pensait même pas rivalité, mais plutôt affection sans faille où l'on partage tout sans discuter. « Ma notion de l'amitié était assez romanesque ! »

À dix-neuf ans, son amie rencontre un garçon dont elle semble follement amoureuse. Elle l'écrit à Barbara, veut qu'elle le rencontre très vite. Celle-ci se fait une joie de voir l'objet de tant d'affection… et le choc est rude : « J'ai donc fait la connaissance du jeune homme en question. Il était « gris », sans aspérité, sinistre et pas si séduisant. Patricia voulait à tout prix que j'aime ce type. J'étais pleine de bonne volonté, mais n'y suis pas arrivée. » Barbara est pourtant choisie comme témoin pour le mariage, un supplice, elle qui est si loyale. Puis, peu à peu, leur amitié se délite : « On se voyait de loin en loin. Nos sujets de conversations étaient limités : la météo, le monde sur la plage, la température de l'eau. On n'avait plus les mêmes rêves. »

Patricia et son mari partent s'installer en Bretagne. Un jour, elle insiste auprès de Barbara pour qu'elle vienne lui rendre visite. Lâchement, celle-ci n'ose pas refuser, et accepte l'invitation. « La vision de mon amie m'a fait mal. Mal fagotée, pas maquillée, elle si coquette, elle m'a reçue avec une espèce d'agressivité que je ne lui connaissais pas. Elle a passé une heure à me parler recettes de cuisine. Une heure ! Lui, en chaussette, m'a priée d'enlever mes chaussures pour ne pas abîmer la nouvelle moquette blanche. » Pour Barbara, c'est la quatrième dimension. Elle repart le soir même, prétextant une urgence. « Patricia n'a pas dû être dupe. »

Elle aperçoit parfois Patricia sur ses plages italiennes où l'on ne peut s'éviter. C'est un effort d'aller la voir, de lui parler un peu. Barbara, qui a longtemps cru que tout était la faute du « méchant mari », se rend à l'évidence : « Plus je le vois, plus je le trouve sympathique. En vieillissant, il est devenu moins froid, plus amusant. Le comble : c'est lui que je plains de vivre avec elle. » Barbara repense souvent à cette amitié pas si saine que ça finalement. « Et comme c'est triste de vieillir : Patricia et moi, ce fut une amitié fondée sur les illusions de la jeunesse. »

* *
*

Demandez aux copines de Martine de la définir en un mot. Je suis prête à parier que la majorité choisirait « franchise ». Martine n'a pas peur de dire ce qu'elle pense. Je la trouve bien téméraire, moi qui ai parfois du mal à dire mes quatre vérités. Martine n'aime pas les histoires, les petites comme les grandes, ne perd pas son temps à raconter ou à entendre les médisances. Elle a longtemps pensé que les ruptures amicales, ce n'était pas pour elle. Parce qu'elle donne beaucoup à ses amies et qu'elle les a toujours considérées comme un soutien, jamais comme un problème. Pourtant, elle n'a pas vu Sylvie depuis deux ans. Elle m'assure qu'elle a tourné la page. Mais depuis notre rencontre, elle a fait plusieurs fois allusion à cette amie.

Martine a connu Sylvie dès l'enfance. Elle est la grande sœur de sa meilleure copine. En fait, elles n'ont que dix-huit mois de différence. Alors le duo est devenu un trio, et, naturellement, elles ne se sont plus quittées. Les deux sœurs sont incroyablement différentes. L'une est ouverte, généreuse, Sylvie, plus « perso ». Martine s'amuse de ces dissemblances, accepte avec humour l'égoïsme légendaire de la « grande » qui ne porte jamais à conséquence. « Malgré ses défauts, Sylvie était une fille bien. Sa sœur et moi, on supportait ses caprices puisqu'on savait qu'au fond elle était une gentille emmerdeuse. Elle connaissait le surnom qu'on lui donnait entre nous : “la Princesse au petit pois”, et ça la faisait rire. »

En se mariant, Martine quitte la ville de son enfance, mais reste en contact permanent avec ses copines. Un peu moins avec Sylvie qui reste, malgré tout, la sœur, celle qu'on n'a pas choisie mais qui compte quand même.

Quelques années plus tard, Sylvie est victime d'un accident de voiture. Elle doit subir plusieurs opérations de la jambe. Pourtant Martine ne l'appelle pas. « Je n'étais évidemment pas insensible à ses souffrances. Mais je vivais de mon côté une période douloureuse. Ma mère était très malade. La fin a été difficile et j'ai eu beaucoup de mal à me remettre de sa mort. Je n'avais plus la force de téléphoner ni à elle, ni à personne. J'étais incapable de lui apporter le moindre réconfort, puisque j'étais moi-même au trente-sixième dessous. Une véritable amie aurait dû comprendre ça. Alors, c'est vrai, je ne me suis pas manifestée quand Sylvie devait attendre un geste de ma part. De mon côté, j'étais persuadée qu'elle me soutenait, qu'elle pensait à moi. » Sylvie vient à l'enterrement. Puis, plus rien. Martine est triste de ce silence radio et, quelques mois plus tard, lui passe un coup de fil. Un souvenir pénible : « Elle a été odieuse, sèche, ne m'a pas demandé de mes nouvelles, alors qu'elle savait par sa sœur que j'étais effondrée. » Cette « conversation », si on peut dire, fait mal à Martine. Cette fois, sa décision est prise : « Si elle est incapable de comprendre mon chagrin, elle est quoi pour moi ? Une vague relation ? Sûrement pas une amie. »

Elle reçoit pourtant un mail de Sylvie un an après le fameux appel, lui demandant simplement si elle est fâchée. La réponse ne se fait pas attendre. « En quelques phrases, je lui ai tout déballé : que son égoïsme était insupportable, qu'elle emmerdait tout le monde, que même ses copines fuyaient et qu'elle devait peut-être se remettre en question. » En écrivant ces mots, Martine sait que la réconciliation est inenvisageable. « De toute façon, pour moi, c'était terminé. Elle avait dépassé mon seuil de tolérance. Jamais je ne serais revenue en arrière. » La sœur de Sylvie se retrouve dans une situation inconfortable. Elle tente même de raisonner sa copine, lui promettant que sa sœur a changé, que son accident l'a fait grandir. Martine ne veut rien entendre. « Je la croise parfois, on se parle à peine. On sait, l'une comme l'autre, que ce ne sera jamais plus comme avant. Pour moi, l'amitié doit être inconditionnelle. Or elle n'a pas une seconde tenté de me comprendre. » Avec la sœur de Sylvie, c'est tout le contraire. Elles sont complètement différentes, mais elles savent que, quoi qu'il arrive, elles peuvent compter l'une sur l'autre. Selon Martine, Sylvie fait partie de ces filles « à emmerdes », ces filles qui « testent » leurs copines pour voir jusqu'où elles peuvent aller. « Je l'ai compris trop tard. Aujourd'hui, ces “copines”-là, je les flaire de loin. Quand j'en aperçois une, je prends mes jambes à mon cou… »

Doit-on tout dire à une copine ?

On se fait donc toute une haute idée de l'amitié. Et on a raison. Par les temps qui courent, raconter sa vie, ses angoisses, ses appréhensions à une amie, ça soulage d'un poids et ça économise une séance chez un psy. Quand je m'allonge sur un divan, c'est chez une copine en grignotant une barre de chocolat et en buvant un petit rosé. Deux remèdes que je conseille fortement à toutes celles qui ont un coup de mou. Mais doit-on vraiment tout dire ? Doit-on tout entendre ?

J'aime beaucoup Pauline pour des tas de raisons et pas uniquement parce qu'elle me crache dessus. Je m'explique : par une déformation que personne n'a réussi à éclaircir, Pauline ne peut s'empêcher de postillonner quand elle rit. Elle rit beaucoup, c'est un problème. Si on lui demande d'arrêter de saliver ainsi, elle rit encore plus fort, c'est une calamité. Pauline me rend gaie. Elle est drôle et bon public. N'importe laquelle de mes vannes à trois sous l'amuse, j'adore ça. Je l'ai connue à l'âge de dix-sept ans, ça fait un bail. Depuis toutes ces années, on se voit peu, mais vraiment. Pas de conversations superficielles, avec Pauline, c'est du sincère. Elle raconte facilement ses relations avec ses copines parce qu'elle y a déjà beaucoup réfléchi.

Elle me dit connaître par cœur ses copines et sait ce qu'elles vont lui renvoyer. Elle racontera donc la même histoire à ses amies mais de manières différentes. Pas question de rentrer dans des détails scabreux avec la pudique ou de faire des digressions sans fin avec la rationnelle.

Si Pauline doit raconter une histoire d'amour toute neuve, elle ne va pas aller au-devant des jugements négatifs. Pas folle. « Je dirai ce qui pourra plaire à l'une sur mon nouveau fiancé, pour qu'elle me renvoie ce que j'ai envie d'entendre. D'accord, c'est une solution de facilité, mais c'est très agréable ! » Quand la situation amoureuse vire à l'échec, Pauline aime, cette fois, qu'on y aille carrément. Pour elle, le rôle de ses copines, c'est de dire clairement ce qu'elles pensent. Elle accepte leur franchise avec bonne grâce car c'est le moyen de garder une relation limpide avec elles. Pourtant, Pauline est un jour passée à deux doigts du drame. Convaincue qu'elle devait réagir face à une amie qui vivait un amour malheureux, elle lui a déballé ce qu'elle avait sur le cœur. « Oui, cet homme te détruit, oui, il faut arrêter ce cirque. » Dire que sa copine l'a mal pris est un euphémisme. Pauline a passé un mauvais quart d'heure, supportant des phrases assassines, en résumé, qu'elle aille se faire voir ailleurs et qu'elle n'avait aucun droit de juger. Pauline en a été anéantie. Elle aurait aimé, elle, qu'on la remette sur le droit chemin si elle s'était fourvoyée. « J'ai dû demander pardon, m'expliquer, pleurer. Elle oublia.

Pas moi. » Depuis ce jour, elle a juré qu'on ne l'y reprendrait plus. « Tout dire à une amie, ce n'est sûrement pas un devoir. Il faut d'abord sentir d'où vient le vent. Et n'agir que si l'on est sûr que l'autre peut tout entendre. Sinon… »

* *
*

Elles ont parlé cent fois de leur relation amicale. Nathalie et Charlotte dînent souvent ensemble, toutes les deux, et leurs discussions prennent quelques fois un côté « psy » sans qu'elles le fassent exprès. Est-ce le fait d'être en tête à tête ou est-ce la nuit qui tombe : il flotte toujours un air de confidences dans chacune de leurs paroles. Ce soir-là, je me suis imposée dans leur soirée et les ai questionnées sur leurs relations.

Nathalie ne dit pas tout à Charlotte. Celle-ci le sait depuis longtemps. Elle respecte ses petits mystères puisque son amie lui raconte l'essentiel : ses états d'âme. Lorsque je demande si on doit tout révéler à une amie, Nathalie se redresse : « Non, non et non. Pas à Charlotte en tout cas. » Devant mon air surpris, elle raconte qu'il lui est arrivé de raconter des choses intimes, des histoires de fesses pour être précise, à des copines bien moins proches. Elle n'a alors aucune censure. Mais, avec Charlotte, c'est différent. Elle est la copine d'enfance avec tout ce que ça représente. Nathalie avoue restreindre même leur champ de discussion. « Petite, j'ai souffert car elle m'a tapé sur les doigts plus souvent qu'à son tour. Et elle est devenue une sorte d'autorité naturelle qui fait que je me garde bien de tout lui confier. » Elle reprend : « En vieillissant, j'ai souvent pensé que nos rôles s'inversaient. Je me sens parfois plus mûre et les raisons qui me poussent à ne pas tout lui dire seraient une manière de la protéger. » Elle regarde Charlotte droit dans les yeux et lui avoue qu'il lui arrive d'être agacée quand elle la tacle sur des sujets anodins : « Alors que j'ai un tempérament impétueux, je ne réponds même pas à ses attaques. Charlotte est la personne avec qui je suis la plus patiente. Tout simplement parce que je veux éviter les conflits, les petites querelles qui ne valent pas le coup : la vie est trop courte ! »

Nathalie a de toute façon besoin d'une relation paisible avec ses copines. Les tensions, c'est plutôt du domaine amoureux. Avec le temps, elle dit avoir appris une chose : « Protéger l'autre, c'est aussi protéger la relation qu'on a avec elle. »

Charlotte est restée silencieuse. On pourrait croire que cette déclaration l'a blessée. Mais elle n'en a pas l'air. Elles se connaissent trop bien et ont déjà parlé de tout ça ensemble. Elle reconnaît être parfois bien trop sévère avec Nathalie. « Ce n'est pas que mon autorité naturelle ! J'ai toujours un peu peur pour ma copine. Peur qu'elle fasse n'importe quoi, alors, oui, c'est vrai, je la tacle. Et c'est vrai qu'elle n'a pas l'air de m'en vouloir. Je me trompe ? » Pour toute réponse, Nathalie lui sourit. Preuve est donnée, en tout cas, que ces deux-là peuvent presque tout se dire…

* *
*

Je ne suis pas la seule à trouver Cécilia magnifique. Il suffit de se promener cinq minutes dans la rue avec elle. Les passants en sont estomaqués. Je ne saurai jamais si la séduction de Cécilia vient du fait qu'elle ne se sache pas belle ou si elle fait semblant de ne pas le savoir. C'est une amie droite, mais une menteuse professionnelle : normal, elle est comédienne. Pour elle, l'amitié n'est pas un plateau de théâtre et ses amies des partenaires de scène. Non, son costume de Phèdre est soigneusement rangé quand elle entre chez elle. Avec ses copines, pas de comédie…

La devise de Cécilia ? « Toute vérité n'est pas bonne à dire. » Il est arrivé qu'on lui assène des propos très durs à supporter. Au nom de l'amitié. Depuis, elle a réfléchi sur la difficulté de rester honnête sans faire souffrir l'autre. Elle sait, par expérience, que pour rien au monde, elle ferait une révélation cinglante qui torturerait une copine. Elle préfère de loin faire des suggestions et seulement si ça doit aider. Son rôle serait plutôt d'obliger l'amie à se poser des questions sur elle-même.

En revanche, elle n'aura aucun mal à dire à une copine ce qui l'agace chez elle. Des détails, rien d'important, mais qui peuvent empoisonner une relation. Jusqu'ici sa sincérité a toujours payé. Tout dépend des moments : « On peut parler de périodes d'écoute et de ces intermèdes où l'amie paraît trop fermée, absolument pas réceptive. Je pourrais alors ne rien dire, même quelque chose d'important, car j'aurais l'impression que cela ne servirait pas à grand-chose. Pire, que je plomberais l'ambiance. »

Dans son métier de comédienne, c'est souvent difficile pour elle de décrire ses émotions à quelqu'un qui n'est pas de la partie : « Je vis des expériences parfois intenses mais comment raconter ça à mes amies d'enfance ? »

Elle a essayé de se rabattre sur des copines actrices, mais là encore, les difficultés sont multiples. Le gros problème, c'est la compétition. Les places sont chères et, quand une copine décroche un rôle, Cécilia est toujours partagée entre la joie pour l'autre et la déception de ne pas avoir été choisie. « Je me soulage de cette tension avec mes vraies copines. Ça, elles comprennent parfaitement. Je n'ai aucune honte à leur dire que je me sens nulle, que je n'y arriverai jamais. Avec elles, je ne fais pas la fière. Elles trouvent toujours les mots, me plaignent, plaisantent… et je passe à autre chose. »

Pauline pense bien connaître ses copines : leur sagesse et leurs travers. Elle sait que pour certaines, il est difficile de garder des confidences. Comme un fardeau trop lourd à porter. Alors, elle fait en sorte de dire ce qu'il faut… à la copine qu'il faut !

* *
*

« Il ne faudrait pas confondre franchise et méchanceté gratuite », dit Manuella en riant. Elle a connu une expérience pas très marrante avec une amie, enfin « une copine », rectifie-t-elle, qui lui reste en travers de la gorge.

Manuella est la bonté même. Généreuse, elle ne s'occupe que des autres. J'ai du mal à imaginer qu'on veuille lui faire du mal. Si sa popularité est grande, elle a fait des envieux. C'est en tout cas comme ça qu'elle analyse ce qui lui est arrivé.

Elle rencontre un jour, par l'intermédiaire d'une amie, la belle Sylvie. Elles sympathisent vite, trop vite sans doute. Manuella est loin de penser que cette jeune femme n'est pas aussi simple qu'elle en a l'air. « Ça a commencé tout doucement, petit à petit. Elle m'a dit qu'elle était d'une nature franche. Détestait l'hypocrisie. J'étais d'accord. » Alors, pour prouver ses dires, elle ajouta : « Je te donne un exemple : ce vert ne te va pas. Cela fait des jours que je veux te le dire, alors voilà. » Sauf qu'on ne lui avait rien demandé ! Manuella croit voir de la maladresse dans ces propos un peu enfantins. Rien de plus. Jusqu'au lendemain, où elle lui assène que ce pantalon lui fait des fesses énormes. « Et puis, chaque jour, j'avais droit à mon quart d'heure "En toute franchise, je trouve que…", qui finissait immanquablement par une pique désagréable. » Cette relation, effectivement si peu hypocrite, aurait pu durer longtemps : « Sylvie était aussi une fille généreuse. Elle pouvait être très drôle, alors, je passais l'éponge. »

Un jour, Manuella a l'idée d'organiser un dîner avec moi. En deux minutes chrono, Sylvie refit son laïus sur la franchise et me demanda si elle n'avait pas raison de tout dire ainsi. Ma réponse fut cinglante mais brève : j'ai répondu « non », un « non » bien sonore et bien senti. Puis je n'ai plus dit un mot de la soirée. Le lendemain, je tirais les oreilles de Manuella. En lui faisant comprendre que cette Sylvie était cinglée. Peut-être aussi maladroite, idiote, mais sûrement cinglée. Tout dire, comme ça, gratuitement, n'est pas anodin. Une amie, ça se respecte, ça se protège. Manuella n'en veut plus à cette fille « mal dans sa peau », mais se refuse à la revoir. « Toutes ces réflexions blessantes m'ont déstabilisée. Je n'ai plus pris ses appels et ne lui ai plus téléphoné. Je serais restée proche d'elle plus longtemps, j'aurais sûrement perdu un peu de mon assurance. Avec le recul, je me dis que j'aurais dû entrer dans son jeu et lui dire aussi ses quatre vérités : qu'elle me blessait, qu'elle était maladroite. » Si Manuella regrette de ne pas l'avoir fait, c'est aussi par curiosité : comment aurait-elle réagi ? « Mal, c'est sûr. Elle était susceptible : un comble ! La nature humaine est si bizarre ! »

Quant à moi, je me demande encore comment Manuella a pu tomber dans le panneau…

Les copines au téléphone

On affirme souvent que le téléphone est le sport préféré des femmes. Je connais des hommes qui ont intérêt à ne pas me dire ça en face. C'est pourtant vrai que, sans cet outil miraculeux, on serait bien embêtées, nous les copines. N'avons-nous pas toujours quelque chose à nous dire ?

Une amitié sans téléphone, c'est comme des spaghettis sans huile d'olive. Indigeste. J'en suis à me demander si les copines, les vraies, existaient avant son invention. Car, quoi ? Qu'on ne me parle pas de correspondance. Les lettres, c'est formidable, intime, profond.

Mais a-t-on vraiment envie de babillages épistolaires ? Au téléphone, c'est vrai, on dit tout et n'importe quoi, on passe du coq à l'âne et du rire aux larmes. On perd son temps. Et on aime ça.

Quand j'appelle mes copines de chez moi, je me prépare. Pas question d'être debout ou mal assise : un coup de fil, c'est fait pour durer. On n'a jamais assez dit que la bonne santé des opérateurs téléphoniques est due en grande partie aux bavardages entre filles. Je m'allonge donc, et quelques numéros magiques plus tard, je cause. J'ai rarement un scoop sidérant à raconter. C'est pas tous les jours que le Sofitel de New York est à la une. Pourtant, Dieu sait que les scoops, on adore.

Mes copines et moi, on parle boulot (un peu), rencontres (parfois), ragots que nous a racontés la veille une autre de nos copines (beaucoup). En vieillissant, on parle aussi santé, ce qui est, c'est vrai, tout à fait déprimant. Mais, quand on est amoureuse, et forcément inquiètes, la discussion peut débuter à dix-neuf heures et finir, j'ai connu ça, à deux heures du matin. C'est dire qu'on ne se lasse pas.

On devrait décorer l'ingénieur qui a conçu le système du double appel. Cette invention fantastique nous avertit, lorsqu'on est en ligne, que quelqu'un d'autre nous réclame. Plus d'angoisse donc d'avoir raté quelque chose. On peut même passer d'une copine à une autre et ça, autant de fois qu'on veut. Une conversation à trois dont on serait le centre. Un rêve enfin accessible puisque la même situation dans un salon est inimaginable : prendre la parole quand c'est une autre qui la tient est un exercice impossible.

Second instrument indispensable : le portable. Non pas pour discourir des heures mais pour prévenir que ça va se faire. Et c'est reparti. Le portable, c'est aussi la conversation « à chaud ». À la sortie d'un rendez-vous ou du cinéma, on peut sur-le-champ cracher notre venin ou, au contraire, dire son émotion.

C'est aussi ce qui est dangereux avec le portable. Si je puis me permettre, écoutez ce conseil : avant d'appeler une copine, l'injure à la bouche pour je ne sais quelle raison qui vous a mise hors de vous, rentrez chez vous, pesez le pour et le contre, détendez-vous cinq minutes et appelez. Vous ne commettrez pas l'erreur de dire les mots qui blessent, les mots irréparables.

Il arrive aussi que la conversation fatigue. Périlleux d'interrompre une copine en verve. Les signes d'impatience n'étant pas visibles, il faut s'armer de patience. Ou être subtile. Avec le portable, facile. Dire qu'on n'entend plus rien est un classique, d'autant que c'est assez souvent la vérité. Lorsqu'on est chez soi, le problème se complique. Baragouiner « On sonne. Je te rappelle » est presque trop banal. Les enfants peuvent s'avérer utiles : quelques cris, mêmes infimes, et vous avez les meilleures raisons du monde pour prétendre aller voir ce qui se passe. Plus courant : faire semblant d'écouter l'autre, surtout quand on regarde un bon film à la télévision. Quelques copines ont en effet des habitudes consternantes et tenaces : appeler vers vingt et une heures. Un horaire intolérable quand on aime se vautrer devant la télé. Alors, quelques couinements de-ci, de-là pour faire croire qu'on est tout ouïe suffisent parfois à passer, ni vu ni connu, la soirée avec Brad Pitt. On peut aussi passer la soirée, toujours avec Brad Pitt, mais cette fois avec la copine si elle regarde le même programme : on commente. Encore un coup de fil qui coûte cher.

Enfin, le dernier remède un peu lâche, je vous l'accorde, laisser son répondeur branché. On rappellera.

J'ai l'air comme ça de ne pas aimer tout le temps téléphoner à mes copines. Mais savez-vous le nombre de fois où j'ai raccroché le combiné, l'oreille brûlante et la gorge sèche ?

* *
*

Ces copines-là sont des championnes. Elles ne se voient qu'une fois par an, mais se parlent toutes les semaines. La première habite à

Rennes, la seconde à San Francisco. Et cela fait cinq ans que ça dure. Inséparables depuis l'âge de quinze ans, elles en ont aujourd'hui quarante. Mathilde a fait jurer à Aline que, quoi qu'il arrive, elles ne se perdraient pas de vue. Il a donc fallu trouver un moyen pour tenir cette promesse. Le seul qu'elles aient trouvé : le téléphone. Quoi qu'il arrive, elles se parlent chaque mardi à 19 heures. C'est un rite, devenu indispensable. Aline en est fière : « Une fois, une seule fois, je n'ai pas répondu au téléphone. Mais j'ai une bonne excuse. Deux minutes avant l'heure H, mon mari m'annonçait qu'il me quittait. C'était du lourd ! » Pendant cette période douloureuse, Mathilde appelait même de l'autre côté de l'Atlantique tous les jours, soutenant, comme elle le pouvait, sa copine. « Bien sûr, il y a les mails. On s'en sert aussi. Mais ce n'est pas pareil. J'aime entendre la voix d'Aline. Elle représente toute une partie heureuse de ma vie. » Si on parle « relation fusionnelle », Mathilde réfute l'expression d'un revers de la main. « Ce n'est pas de la fusion, ne serait-ce que parce qu'on n'a pas du tout la même vie, les mêmes préoccupations. Notre rendez-vous téléphonique, c'est notre truc à nous. Quelque chose d'enfantin qui nous plaît. » Parfois, les conversations sont profondes, parfois très légères. Elles peuvent parler du divorce d'Aline et, la semaine suivante, de régime. « On ne se force pas : si l'une est d'humeur maussade, on laisse faire. Ce sera plus gai la prochaine fois ! »

Grâce à Internet, Aline est très au courant de la vie en France. Elle n'a même pas à poser sans arrêt de questions qui, à la longue, finiraient par ennuyer Mathilde. « Et moi, c'est pareil, je m'informe sur la vie à San Francisco. » Un jour, Mathilde est partie là-bas. La première chose qu'elle a voulu voir : l'endroit précis où son amie, chaque semaine, lui passe un coup de fil !

Les copines amoureuses

La copine amoureuse, c'est souvent la copine en larmes. Les hommes nous font souffrir, jusqu'ici rien de nouveau sous le soleil.

La copine amoureuse, c'est aussi celle qui n'appelle plus ou qui ne parle que de ça. Croyez-moi, j'ai de la pratique.

Si l'on est disponible, on peut consoler et conseiller. Si on ne l'est pas, on regarde sa montre et la porte de sortie. Bref, on s'ennuie ferme. Une fois n'est pas coutume, il vaut mieux être en « phase », et se dire que la relation amicale a vraiment un sens. On se sent utile et puis ça fait des souvenirs pour plus tard.

Lorsque j'avais dix-sept ans, ma copine Juliette s'est fait plaquer. Son expérience de la vie amoureuse étant très restreinte, elle n'a rien compris de ce qui lui arrivait. Et comptait sur moi pour le lui expliquer. J'avais moi-même une pratique, comment dire, limitée de la Carte du Tendre. Pour ne pas avoir l'air complètement idiote, je me suis crue obligée de me métamorphoser en Ménie Grégoire, spécialiste radiophonique du courrier du cœur. Juliette me suppliait de l'éclairer sur différents problèmes tels que : « Qu'est-ce que j'ai bien pu faire ? » ou « Pourquoi il ne m'aime plus ? » Je vous mets au défi de répondre à ces questions avec discernement. Je m'enlisais donc dans des commentaires minables et pensais la rassurer en lui racontant la beauté des amours impossibles. En pleine lecture de Musset, j'ai imaginé que ça pourrait marcher. Je m'étais trompée. J'ai alors tenté l'extrapolation : je lui demandais de me décrire les souvenirs des temps heureux. Après quoi je lui assurais que, si Roméo était trop immature pour une relation suivie, il l'aimait encore, sûrement. Elle lançait vers moi des yeux pleins de larmes et d'espoir, puis esquissait un sourire. Qui ne durait jamais longtemps. J'étais vaincue.

Elle m'appelait tous les jours, plusieurs fois par jour, pendant des heures. À bout de nerfs, ma mère me faisait de grands signes pour que j'abrège, ma sœur trépignait. Quant à mon père, il attrapa un jour le combiné que je tenais à la main et raccrochait sans mon autorisation.

J'ai dû alors me rendre chez elle quotidiennement. Elle habitait loin, très loin de chez moi, c'eût été trop beau. En sortant de mes cours et en plein hiver, je m'engouffrais dans le métro, sortais à la station La Muette, la bien nommée, et marchais des kilomètres. Ce parcours du combattant ne fatiguait que moi. Pas une fois, l'amie éplorée ne me demanda si le trajet n'était pas trop pénible. Ma petite santé était le cadet de ses – gros – soucis. Une copine amoureuse, c'est égoïste. Voire égocentrique. C'est l'une des découvertes que j'ai faites en ce temps-là.

Un jour, elle pleurait. Le lendemain, elle

radotait. Car l'amour fait radoter (et tant pis pour les romantiques qui pensent encore que les jeunes filles malheureuses restent cloîtrées dans leur mutisme). Elle m'a dit cinquante-trois fois : « Je crois qu'il s'intéresse à cette pétasse blonde » et cent vingt-quatre fois : « Il reviendra ». Il n'est jamais revenu, mais Juliette s'est remise. Assez en tout cas pour m'entendre pleurnicher de tout mon soûl quand Alfred m'a quittée.

* *
*

J'ai toujours pensé que certaines femmes attiraient les confidences. Peut-être parce qu'elles sont davantage attentives, douces, bienveillantes ? C'est étrange comme on a envie de parler à Emmanuelle quand on est heureux, et de pleurer sur son épaule quand on ne l'est pas. Des confessions de copines amoureuses, elle en a plein la tête, bien rangées dans des tiroirs qu'elle n'ouvre jamais : elle a promis le secret. Cette fois, elle fait une exception, précisant quand même qu'elle va me raconter l'histoire d'une amie que je ne connais pas…

Ce matin-là quand le téléphone a sonné, si Emmanuelle avait parié que ce serait Nadine, elle aurait gagné. Bizarrement, elle ne reconnaissait pas bien la voix de son amie : était-ce dû au drôle de ton qu'elle prenait ou à ses propos enveloppés de mystère ? Mais que se passait-il donc ? Pour toute réponse, elle n'a eu droit qu'à un gloussement rauque qui se voulait sensuel et charismatique. Emmanuelle connaît suffisamment Nadine pour savoir qu'il faut toujours patienter quelques secondes avant qu'elle ne craque. Elle était amoureuse. D'où le gloussement sensuel. C'était un garçon comme ci, mais pas trop comme ça (rires), très beau mais modeste (re-rires). Et malin, et drôle et, bref, l'homme idéal. Il ne s'était encore rien passé entre eux, mais, à l'entendre, ça ne saurait tarder. Deux heures plus tard, Nadine rappelait. Il ne s'était donc toujours rien passé, on l'avait compris, mais elle commençait à trouver le temps long. Emmanuelle a donc eu droit à une seconde description de l'oiseau rare : beau mais modeste, drôle et malin… bref, rien de neuf de ce côté-là. Au bout du troisième coup de fil, cet être admirable lui apparut tout à fait exécrable.

Trois jours plus tard, Emmanuelle déjeunait avec Nadine. Celle-ci était magnifique, tendue et fiévreuse. Amoureuse. Le jeune homme qui la mettait dans ce bel état est arrivé pour le dessert. Il semblait tendu, fiévreux et amoureux. « Il est devenu rouge pivoine en me voyant et a bafouillé deux, trois banalités à mon endroit. Nadine me jetait parfois des regards inquiets. Il faut dire que je n'étais pas là uniquement pour tenir la chandelle. On attendait expressément que je donne mon avis. » Le soupirant parti, Nadine, plus nerveuse que jamais, implora la sentence. « Il me plaisait beaucoup, je le trouvais charmant et je me suis dépêchée de le lui dire. Je pensais lui faire plaisir et elle éclata en sanglots : c'était les larmes du bonheur ! » Nadine avait tellement besoin de l'assentiment de sa copine qu'Emmanuelle en eut presque peur. « Que se serait-il passé si ce garçon ne m'avait pas tellement plu ? Aurait-elle lâché l'affaire ? Être une amie proche, en qui on a confiance, c'est une lourde responsabilité. »

Pendant deux semaines, Emmanuelle n'a plus eu de nouvelles. Mais elle a de l'expérience : « Quand une copine n'appelle plus, c'est soit qu'elle fait la tête, soit qu'elle file le parfait amour. Je penchais pour la seconde solution. » Nadine n'avait plus de temps pour ses copines puisqu'elle passait son temps à contempler son nouveau bonheur. « Lucide, elle s'excusa un jour pour son silence et me fit admettre, sans difficulté, qu'être amoureuse, finalement, c'est un boulot à plein temps. »

Les copines fusionnelles

« Parce que c'était lui, parce que c'était moi. » J'ai longtemps cru que cette phrase sublime avait été écrite par une femme amoureuse. Comme souvent, je me suis trompée. Montaigne, puisqu'il en est l'auteur, définissait ainsi son amitié pour La Boétie.

Cette formule est une parfaite définition de l'amitié fusionnelle. Une relation qui n'a pas besoin des autres puisqu'une seule personne suffit à remplir sa vie. « Parce que c'était elle, parce que c'était moi », voici donc une devise qu'auraient pu inventer les femmes que j'ai questionnées.

Pour ma part, cette relation exclusive me terrorise. Jamais je ne pourrais supporter des amies omniprésentes dans ma vie. Cela n'a rien à voir avec l'affection que je leur porte. Mais il m'a toujours semblé que l'amitié pouvait, devait même, avoir ses parts d'ombre. Disséquez ma vie avec une autre, comme j'ai parfois vu faire, me fait froid dans le dos. Je repense à cette amie qui m'est très chère : entre nous peu de confidences intimes mais beaucoup d'affection. Sans l'avoir vraiment formulé, nous avons un compromis qui pourrait se résumer par : « Nous sommes là l'une pour l'autre, c'est ça l'important. Le reste, on le garde pour nous. » Ça fait dix ans que ça dure.

En parlant de cette histoire d'exclusivité entre deux copines, la plupart de mes amies étaient d'accord : vivre sans cesse dans le regard de l'autre ne fait pas avancer. Bien au contraire. Ne pas faire un geste sans demander l'avis de l'autre ne rend pas plus heureux. Pourtant, cette amitié-là existe. Elle commence parfois à l'adolescence, à cet âge où l'on croit encore que le monde entier ne peut pas nous comprendre. Sauf *elle*. L'âge adulte se charge de remettre les pendules à l'heure. Les priorités ne sont plus les mêmes. Et celle qu'on croyait irremplaçable tombe, d'un coup, de son piédestal…

Marie fait partie des déçues de l'amitié fusionnelle. « Déçue » n'est d'ailleurs pas tout à fait le mot juste. « Désenchantée » conviendrait mieux. J'ai vu l'amitié de Diane et de Marie se disloquer, j'ai tenté de consoler Marie, je lui ai même menti en lui disant qu'un jour, c'est sûr, tout redeviendrait comme avant. Je savais, au fond de moi, qu'il y avait peu de chances, mais que dire à cette amie brisée ? Aujourd'hui encore, il ne se passe pas un jour sans qu'elle fasse allusion à cette amitié perdue. Mais elle est plus forte et a accepté de me raconter son histoire : « Ma vie ne sera plus jamais la même, dit-elle avec certitude, il a bien fallu que je m'y fasse. » Les deux amies se sont connues à quinze ans. Immédiatement, elles se sont aimées, adorées même. Elles ont les mêmes goûts, les mêmes rêves, les mêmes illusions. Elles peuvent pleurer des heures en écoutant en boucle les chansons de Jacques Brel. Partir un week-end à Charleville sur les traces de Rimbaud et se pâmer devant sa tombe. « Une amitié adolescente certes, mais idéale. On était d'accord sur tout, c'était fou. On avait conscience de la chance inouïe de s'être rencontrées, d'avoir près de nous quelqu'un qui nous comprenne, qui nous ressemble. »

Plus tard, leur relation est toujours la même. Elles ont des aventures, leurs prétendants s'entendent à merveille. « De toute façon, aurions-nous pu tomber amoureuse si l'autre n'avait pas donné son assentiment ? » Évidemment pas, puisque l'avis de la copine est primordial. Pas une décision n'est prise sans en avoir d'abord discuté ensemble. Marie a longtemps pensé que cette amitié hors du commun était équilibrée. Qu'elles avaient autant besoin l'une de l'autre. Et puis, elle a un doute. C'est arrivé peu à peu. « Diane était danseuse. Ça commençait à marcher fort pour elle. Elle partait en tournée, aux quatre coins de l'Hexagone… et ne me donnait plus de nouvelles. » C'est la toute première fois que les amies ne sont plus « en phase ». L'une attend désespérément à côté du téléphone, l'autre a une autre vie, bien à elle celle-là, qu'elle ne pense pas à partager. « Je n'avais aucune place dans ce nouvel univers. J'ai vécu ça comme un chagrin d'amour. J'étais dévastée. Tellement même que mon fiancé de l'époque a appelé Diane, lui a demandé de me téléphoner au plus vite. » Elles ont parlé ensemble de la souffrance de l'une, de l'indifférence de l'autre, se sont même fâchées et puis tout est revenu dans l'ordre. Pas tout à fait quand même. Marie réalise qu'elle devient celle qui écoute, plus celle qui partage. Un rôle de confidente « comme dans les tragédies ! » qui ne lui convient pas. « Diane avait du succès, était courtisée. Elle avait moins besoin de moi pour se rassurer. » Marie se lie alors avec d'autres copains et leur présente sa grande amie : « Alors qu'avant je voulais à tout prix qu'on aime Diane, que les autres partagent mon admiration pour elle, comprennent notre affection réciproque, j'ai été soulagée quand ils m'ont avoué avoir été déçus par elle. Ils m'ont fait grandir d'un coup. » Marie réalise qu'elle est mûre pour vivre sa vie sans Diane. « Devenues adultes, on n'a pas réussi à faire évoluer notre relation qui ne pouvait évidemment plus être celle de nos quinze ans. » Peu à peu, elles ne se comprennent plus, n'aiment pas ce que l'autre est devenue : « C'était la fin des illusions. Il fallait se rendre à l'évidence : notre amitié ne tenait plus debout. » Alors, elles ont cessé de se voir. Ont fait leur vie, chacune de leur côté. Marie s'est, certes, sentie libérée, mais aussi comme amputée. « Pendant des mois, j'étais à l'affût de nouvelles : que faisait-elle ? Qui voyait-elle ? J'avais envie et peur de la croiser. Et puis, ça m'est passé. » Il arrive souvent qu'elle pense à elle : « Je suis certaine que, ni l'une ni l'autre, on ne retrouvera jamais une amie aussi patiente, fidèle et loyale. Au fond, c'est ça le plus triste. »

* *
*

Aude est émue de me parler de cette amitié-là. Parce qu'elle ne ressemble à aucune autre. À vingt-cinq ans, elle vivait une période à la fois exaltante et effrayante : la publication de son premier roman. Que de nuits blanches à quelques jours de la sortie du livre. Des angoisses difficiles à partager avec sa famille et ses amis. Aude a pourtant un mari attentif et compréhensif. Mais, dans cette situation inédite, il se sentait un peu désarmé. Aude pénétrait un milieu qu'elle ne connaissait pas et qui l'impressionnait. Comment la réconforter ?

Lors d'une rencontre dans une librairie, Aude fait LA rencontre. Une jeune femme qui, comme elle, sortait un premier livre. La conversation s'est engagée tout naturellement. Et c'est tout naturellement aussi qu'elles se sont trouvé des milliers de points communs. Erika était seulement plus sereine et très encourageante. Exactement ce que recherchait Aude. « Elle me disait comme elle aimait mon livre. Je lui disais comme le sien m'avait touchée. Je me suis doutée que notre discussion ne s'arrêterait pas là. Deux jours après, Erika m'appelait. »

Leur premier rendez-vous en tête à tête, Aude ne l'oubliera jamais. Elles devaient se voir une heure, il était tard quand elles se sont quittées. Cet après-midi-là, elles ne se sont pas parlé de choses personnelles, simplement des livres qu'elles aimaient, s'amusant de leur attachement commun à Proust ou de leurs divergences de points de vue sur tel ou tel auteur. « On avait très envie de se revoir. Dès le lendemain, elle est passée chez moi. » Cette fois, plus question de littérature, c'est le temps des confidences. Erika lui parle de ses amours difficiles sans détour : « Et pourtant, je n'ai ressenti aucune impudeur. Elle était honnête. Un peu comme si elle voulait que je sache tout d'elle avant d'entamer une véritable amitié. »

Depuis ce jour, les deux amies s'appellent jusqu'à cinq fois par jour. Pour demander des nouvelles, parler des articles qui parlaient d'elles. Aucune compétition dans ce duo comme on aurait pu le craindre. « On avait croisé des tas de jeunes auteurs et on voyait comme ils auraient tué père et mère pour un papier dans *Le Monde*, cette comédie humaine nous faisait rire. »

Erika est apparue au moment même où Aude entamait une « nouvelle » vie et elle a tout bouleversé : « Moi, la mère de famille tranquille, je commençais à avoir une petite notoriété. Mon livre marchait bien. On ne me regardait pas comme avant. J'étais heureuse, mais, il faut l'avouer, perturbée. Erika me rassurait. » Celle-ci l'accompagne aux émissions de radio ou de télévision pour soutenir une Aude terriblement traqueuse, vont ensemble à ces cocktails où on est obligé de se rendre, elles qui détestent ça. Et surtout, l'aide à changer d'image. « Je m'étais mis dans la tête qu'une mère de famille devait passer inaperçue. C'est idiot, mais je voulais toujours me fondre dans la masse. Erika, d'un coup, m'a décomplexée. C'est elle qui m'a fait prendre conscience que je pouvais me faire plaisir. Qu'une jupe n'est pas trop courte si on sait la porter. Et que ces petites ballerines argentées que je semblais tant aimer, je pouvais, bien sûr, me les acheter. » Aude se sent plus libre, plus femme, bien mieux dans sa peau.

Elles se voient tout le temps et sans doute beaucoup trop : « Elle prenait une place presque aussi importante dans ma vie que celle qu'occupaient mon mari et mes enfants, même si ma priorité a toujours été ma famille. » Aude sent pourtant que son mari, toujours affable avec Erika, ne cautionne pas cette amitié fusionnelle. Un jour, il lui avoue être mal à l'aise avec elles deux, avoir la sensation désagréable d'être de trop. Mais il ne veut pas intervenir. Il a toujours eu une confiance totale dans les jugements de sa femme et espère qu'elle saura, seule, faire la part des choses.

Pendant trois ans, ces deux-là passent une grande partie de leurs journées ensemble. Aude écoute les confidences de son amie, empêtrée dans ses histoires de cœur. « J'ai souvent tenu ce rôle de confidente avec d'autres. Mais avec Erika, je me sentais concernée à 100 %. La voir souffrir me faisait atrocement mal. » Jamais Aude n'a connu une amitié pareille : « Je me sentais protégée par elle, et elle par moi. Il arrivait parfois qu'on se tienne la main, un truc qui ne m'était jamais arrivé avec une copine. En fait, on était bien ensemble, qu'est-ce que je pourrais ajouter ? »

Dans ce milieu littéraire, parfois hypocrite et souvent dur (les places sont chères), elles ont l'impression d'être des pures. « On répétait que, nous, on ne ferait jamais de compromission, et puis un jour… » Aude se souvient comme si c'était hier de ce coup de fil reçu par un journaliste qu'elles détestaient, leur tête de turc en somme. « Il m'a appelée pensant joindre Erika. Alors qu'il s'excusait de ce malentendu, je lui ai demandé tout naturellement ce qu'il lui voulait. Il m'a alors parlé de cette lettre qu'elle lui avait écrite, lui disant toute l'admiration qu'elle lui portait et lui demandant si, par hasard, il n'avait pas besoin de quelqu'un pour travailler dans son "merveilleux" journal. » Le ciel lui est tombé sur la tête. Erika, si incorruptible, était en fait une caricature de tout ce qu'elle disait détester.

Elle a été tentée de lui en parler, mais ne l'a jamais fait : « J'avais peur qu'elle me mente. Peur de m'être trompée sur elle, j'ai préféré espacer nos rencontres. »

Pour Aude, ce fut un choc énorme et une déception au moins aussi grande. « Presque une rupture amoureuse. En tous les cas, un immense chagrin. » Erika, prise par son second roman, courtisée par le cinéma, n'a pas dû prendre conscience de ce qui se passait. Elles s'appellent moins, puis plus du tout. « Elle a forcément compris que quelque chose n'allait pas. Peut-être même a-t-elle pensé qu'il y avait de la jalousie de ma part. C'était tout le contraire. J'étais sincèrement heureuse de son succès. »

Il arrive que les deux anciennes amies se croisent. Elles se parlent, toujours gentiment, mais ne font jamais référence au passé. Aude a gardé pour son amie une certaine affection, elle n'oublie pas qu'elle l'a aidée à s'épanouir. « Mais on ne partage plus les mêmes valeurs. Comment rester complices dans ces conditions ? »

Les copines virtuelles

Plus d'excuses pour ne pas contacter une copine. Nous avons sous la main tous les moyens technologiques pour arriver à nos fins : e-mail, SMS, réseaux sociaux. Tous ces outils qui n'existaient pas hier et qui nous sont tout à fait indispensables aujourd'hui. Certains le regretteront : oubliées les cartes postales de notre enfance, les lettres sous enveloppes auxquelles nous ajoutions, souvenez-vous les filles, « Dépêchez-vous facteur, l'amitié n'attend pas ».

L'e-mail et le SMS ont ceci de bien : on n'a pas toujours envie de parler. Non pas qu'on soit de mauvaise humeur, ni déprimée, simplement on n'a pas le temps (et on a vu qu'une conversation téléphonique pouvait durer des heures !) ou on est fatiguée. On n'est pas « *in the mood* », comme disent les Anglo-Saxons. Un petit mot pour rappeler qu'on pense à l'autre et qu'on appellera plus tard, quand la forme sera revenue, c'est déjà pas mal. Mais attention à ne pas tomber dans le piège de la technologie à tout va. Rien n'est plus important dans l'amitié que de se parler vraiment, de se voir aussi. Quelques mails, quelques SMS ne remplaceront jamais une véritable conversation amicale.

On ne réalise pas à quel point être, physiquement, en tête à tête avec une amie, change tout. Discuter avec une copine de vive voix permet aussi de ne pas aller tout de suite à l'essentiel. On n'est pas forcément là pour aller droit au but. Les digressions font partie intégrante des conversations de copines, ne nous en privons pas.

Quand on est pince-sans-rire, on peut, par mail, se faire mal comprendre. Je me souviens de cette amie avec qui j'échangeais des courriers électroniques qui se voulaient drôles et impertinents et qui m'a appelée, affolée : c'était bien pour rire ce que je lui racontais là ? Bien sûr, je plaisantais, mais sans l'intonation de ma voix, elle a eu comme un doute. Depuis, je me méfie de ces mails qui ne remplaceront jamais un véritable dialogue avec ses silences, ses ricanements, et ses sous-entendus.

J'interrogeais une adolescente sur sa manière de communiquer avec ses copines : « Facebook et SMS », me répond-elle. « Le téléphone, c'est pour ma mère. Elle passe des heures à raconter sa vie, moi ce ne serait pas possible : mon forfait est bloqué. » Nous y voilà. Finalement, rien n'a changé : le téléphone coûte cher. C'est vrai qu'enfant, mes parents me sommaient sans cesse de raccrocher. Ce n'était pourtant qu'une ligne fixe, mais il fallait faire attention. « Si je commence à discuter avec mes copines sur mon portable, en deux jours, je n'ai plus de forfait. Les SMS, c'est illimité », me dit-elle réjouie. Je comprends qu'elle ne doit pas s'en priver…

* *
*

En parlant de Facebook avec Charlotte, quinze ans, je me suis sentie vieille. Vieille et, pire, stupide. Car je n'ai d'abord pas tout compris. Très patiemment, et un peu étonnée quand même par mon ignorance crasse, Charlotte a tenté de m'expliquer les différentes fonctions de ce réseau social si populaire.

Première surprise, sur sa page d'accueil, Charlotte a relié, par un trait d'union, son patronyme à celui de sa meilleure amie. « C'est juste une preuve d'amitié. Comme si on faisait partie de la même famille. On est un peu sœurs comme ça ! » Ne croyez pas que Charlotte soit une originale, toutes ses copines font la même chose. Je me promets intérieurement de ne pas avoir l'air sidérée, mieux, de trouver ça « normal ». Charlotte continue ses explications : « Sur le côté, là, c'est la liste des membres de ma famille. Bien sûr, ce ne sont pas les vrais. Mon père, c'est Thibault, mon vieux copain, ma mère, Camille, ma copine de classe, ma sœur, Fleur, etc. » Si j'ai bien compris, les ados s'inventent une famille idéale composée uniquement de leurs amis. Encore une surprise.

Charlotte me dit aussi qu'avec Facebook on peut accepter ou pas de nouveaux « amis ». « Ça arrive tout le temps. Une fille que tu connais vaguement mais à qui tu n'as rien à dire. Elle me fait une demande pour être mon amie, je refuse. S'affiche alors "Charlotte refuse votre demande" et c'est réglé. » Si on lui demande si ce n'est pas un peu gênant, voire violent, Charlotte répond, philosophe, qu'au moins c'est clair. « Pas besoin de raconter d'histoires. Pas d'hypocrisie. » En réfléchissant, je me dis soudain que oui, finalement, j'aurais bien aimé « supprimer » d'un clic les quelques fâcheux qui rôdent.

Quand j'ai questionné Charlotte sur ses conversations entre copines, j'ai été, d'un seul coup, soulagée. Car les technologies peuvent progresser à vitesse grand V, les filles entre elles parleront toujours de la même chose. « Attention ! Ce sont des conversations confidentielles. Personne ne peut les lire. Nos sujets préférés ? D'abord les garçons, puis, les fringues. On parle aussi des parents et de leurs crises et puis un tout petit peu de l'école. »

Ce qui a changé principalement, ce n'est donc pas le fond mais la forme : je ne crois pas avoir une seule fois dit « Je t'aime » à une copine quand j'avais quinze ans. Ça me paraît même impensable. Charlotte passe son temps à faire des déclarations de ce genre à ses amis, sur Facebook, sans aucune gêne. De là à leur dire droit dans les yeux, il ne faut quand même pas exagérer : « Mais s'il m'arrive par exemple de dire un truc drôle, ma copine peut tout à fait me dire "je t'aime". Ça veut dire alors quelque chose comme "t'es trop drôle, tu es vraiment mon amie". » Charlotte, me voyant abasourdie, en rajoute : « Je connais plein de filles qui s'appellent entre elles "ma femme", là aussi, c'est pour montrer le lien très fort qui les unit. »

L'adolescente me dit qu'elle était sûre que je serais aussi étonnée de ses propos. D'ailleurs, sa propre mère, ma vieille copine, a été virée *manu militari* du nombre de ses amis « virtuels ». « Elle n'arrêtait pas de me faire des remarques sur ces expressions, sur mes fautes d'orthographe ou sur mes photos. Alors, crac ! Dehors ! » Mieux que des explications sans fin, une touche suffit à faire disparaître définitivement tous les gêneurs : le rêve !

Charlotte a, sur Facebook, 523 amis : « Mais, bon, je ne les connais pas tous très bien. » On s'en doutait. Elle affirme avoir en tous les cas une trentaine d'amies sûres à qui elle peut tout dire. Vraiment tout ? « Oui, vraiment. Mais je suis une fidèle. J'ai des copines que je vois depuis la maternelle. On ne s'est jamais perdues de vue. »

Même si elle me vante les vertus incommensurables de Facebook, et quand on la titille un peu, elle avoue quand même : « C'est vrai que c'est une solution de facilité pour rester en contact. Ça ne me demande pas vraiment d'efforts d'écrire un mot pour prendre des nouvelles. Et puis, si on ne communique que comme ça, on oublie un peu la vraie personnalité de son amie. » Elle conclut en m'affirmant que le jour où elle doit dire ses quatre vérités à une copine qui lui a manqué de respect, qui a raconté des histoires sur son compte, là, elle n'hésite pas : elle décroche son téléphone. « C'est plus facile pour moi d'engueuler les gens par oral ! »

La mère de Charlotte, à qui je racontais ma petite conversation avec sa fille, m'a mise en garde. Elle sait, par expérience, que le nombre d'amis que les gamines ont sur Facebook, c'est « la course à l'échalote » : « Il faut avoir un maximum d'amis, sinon tu passes pour une nulle, un "bolosse", comme elles disent. »

Il me paraît inutile de dire à Charlotte que, j'ai beau compter et recompter, je n'arriverais jamais à dépasser les 523 amis, si je me risquais à m'inscrire sur Facebook. Raison supplémentaire pour ne pas le faire. Et puis, j'aurais bien trop peur de passer, aux yeux de cette adorable jeune fille, pour la « bolosse » de service.

Les copines et leurs drames

Il aurait été plus facile d'éviter ce sujet-là. Plus facile de raconter seulement le bonheur d'avoir des amies, d'être une amie. Mais les copines ont grandi, ont leur part de chagrin. Je leur dis souvent que je ne veux pas être là uniquement pour les moments heureux. Elles ne sont pas avec moi seulement quand je vais bien. L'amitié est un engagement. Pour le meilleur et pour le pire.

Savoir qu'un mariage sur deux finit en divorce n'est pas une consolation. Quelques-unes de mes amies ont connu l'enfer de la séparation alors qu'elles n'y étaient pas préparées. C'est un chemin long et douloureux pour reprendre le dessus. Accablées de chagrin, elles croient alors que rien ni personne ne pourra les soulager. En tout cas pas les copines, qui ne connaissent pas leurs souffrances et qui semblent, pour la première fois, ne plus servir à grand-chose. Sauf que, justement, ces copines-là ne peuvent pas constater les dégâts en restant les bras croisés. Elles ne veulent pas lâcher. Affrontent la colère parfois, le désespoir tout le temps, avec patience et empathie. Comment faire autrement ? Comment accepter de lire dans les yeux de son amie qu'il vaudrait peut-être mieux mourir que d'être ainsi abandonnée.

Ne nous racontons pas d'histoire : les copines, croyant bien faire, commettent des impairs. Elles se trompent, ne prononcent pas les mots qu'il faut. Parce qu'elles paniquent, parce qu'elles ne sont pas des psychologues professionnelles, loin s'en faut. Je me suis sûrement fourvoyée en voulant soutenir mes amies. J'étais perdue, complètement paumée, à coup sûr, maladroite. Dans ces situations extrêmes, il ne faut jamais s'avouer vaincue, gommer son orgueil. Être là, tout le temps, même quand notre présence n'est pas souhaitée. Être une amie, c'est défoncer les portes, forcer la main, quitte à s'attirer les foudres de ces êtres désespérés qui pensent sincèrement que le mieux, c'est encore d'être seules.

Cette « guerre » est plus facile à mener quand on est plusieurs. La solidarité est essentielle. Avec quelques autres, nous avons formé un clan : on se concertait, on s'assurait que telles ou telles choses pouvaient être dites ou faites. On tentait d'évacuer, ensemble, nos inquiétudes. On se sentait prêtes à gravir des montagnes.

On a souffert avec ces femmes à bout de souffle, on a accepté leur refus de toute compassion, leur colère envers nous et tous les autres. On a surtout appris que l'amitié n'était pas toujours un long fleuve tranquille.

Le temps passe, les sourires, même un peu forcés, reviennent. On espère que la vie va reprendre comme avant. On sait que ce sera long, mais sûrement pas irrémédiable. Et puis, un jour, on se surprend à rire avec celle qui avait tant pleuré et on se sent drôlement mieux. Un peu comme si on avait gagné une bataille.

* *
*

J'ai été préservée longtemps. Je n'avais pas connu de drames. Je connaissais ma chance et savais aussi que cela ne durerait pas. Je ne suis pourtant pas pessimiste, seulement lucide.

Il y a quelques années, une amie très chère est tombée gravement malade. Le verdict des médecins n'était pas encourageant. À l'annonce de cette nouvelle, je me suis effondrée. Il fallait pourtant faire bonne figure. Tenir bon.

Elle m'a toujours parlé de sa maladie sans tabou. Je ne me croyais pourtant pas capable d'entendre certains mots qu'elle prononçait avec calme. C'est elle qui m'a appris à affronter la peur de la mort de mes proches. Je crois qu'elle le savait. Qu'elle me préparait en quelque sorte. Peu à peu, je me suis surprise à discuter avec elle de ses traitements, de ses souffrances, avec aisance. Il faut dire que j'avais en face de moi une force de la nature. Toujours enjouée, elle acceptait de répondre à mes questions sur sa santé en prenant soin de trouver les mots qui pouvaient me rassurer. Je ne l'étais pas, loin de là. Mais je m'accrochais à ses sourires comme à une bouée de sauvetage. Si elle semblait heureuse, c'est sûrement qu'elle allait mieux. Mais j'ai dû me rendre à l'évidence, ce n'était pas le cas. Lorsque j'ai su que la fin était proche, j'ai voulu aller la voir. On m'avait prévenue : elle avait terriblement changé, je devais être forte. En entrant dans sa chambre, mon cœur s'est emballé. J'ai réussi à ne rien montrer de ma peine. Je crois avoir réussi : mais a-t-elle été vraiment dupe ? Je me souviendrai toujours de ses derniers mots. Nous étions en juillet, il faisait beau : « Regarde ce ciel, allez, va, profite un peu du soleil. » Dans cet hôpital sinistre, elle savait sans doute que je ne la reverrais pas. Alors, elle a préféré me parler, pour une fois, de tout et de rien plutôt que de me faire supporter l'insupportable.

Après sa mort, j'ai souvent pensé à nos conversations : mon amie m'avait ouvert une voie nouvelle. Je peux aujourd'hui m'autoriser à penser à la maladie et à la mort frontalement. Je sais ce que je suis capable de supporter. C'est sans doute cela qu'on appelle « passer à l'âge adulte ». Et je sais à qui je le dois.

Le savoir-vivre des copines

« Le respect se perd, ma bonne dame », me dit Virginie en se tenant le bras. Un gamin vient de la bousculer dans la rue, lui a fait un mal de chien et ne lui a pas jeté un regard. On en vient tout naturellement à parler d'un sujet qui n'a l'air de rien, mais qui nous travaille quand même : le savoir-vivre. Nous sommes d'accord sur un point : en société, c'est mieux d'avoir des bases ! Mais, entre copines, est-ce vraiment utile ? Ne peut-on pas tout se permettre quand on est des intimes ?

Alors, on s'est amusées à répertorier, en vrac, toutes les situations où on ne regrette pas d'avoir été bien élevées par nos papas et nos mamans, même si on les a aussi détestés de nous avoir rabâché cent fois les mêmes choses. C'est quand même grâce à eux si on se tient droites, si on ne met pas les doigts dans notre nez, si on dit « Bonjour madame » à la voisine du dessus et si, sans en avoir toujours conscience, on essaye d'être respectueuses, même avec nos meilleures amies.

C'est pour moi une drôle de chose d'écrire ces quelques lignes. Car je sais qu'on ne doit pas donner de leçons de savoir-vivre à ses copines ! C'est pourtant si tentant. Il m'arrive de crever d'envie de les faire taire quand elles mastiquent bruyamment leur chewing-gum. La plupart du temps, je prends sur moi et me force à penser à autre chose ! Mais je l'avoue, il m'arrive aussi de leur demander de fermer la bouche. J'ai honte, mais, juré, je n'ose le faire qu'avec les plus proches. Et je tâche de le dire aimablement ! Exigez des autres qu'ils soient polis est une preuve… d'impolitesse. Souvenez-vous-en quand Julie fera une faute de syntaxe et que vous le lui ferez remarquer ! Et ne soyez pas étonnée si, à la moindre incivilité de votre part, Julie se venge. Elle aura bien raison.

Il faudra donc me pardonner de vous donner ces quelques conseils de « marquise ». Ils ne sont là que pour vous éviter ces petites contrariétés et autres grosses engueulades qui empoisonnent parfois la relation entre copines.

* *
*

Commençons par le commencement : la prise de contact. Avant de téléphoner à la bonne copine, n'oubliez pas de regarder votre montre. Vous étiez d'humeur matinale ce week-end. Vous vous êtes levée avec les poules et, soudain, à sept heures trente, le temps vous paraît long. Vous vous ennuyez à mourir. Inutile de décrocher votre téléphone pour papoter en attendant que ça passe. À cette heure-ci, Jeanne dort à poings fermés et vous le savez bien. Il n'y a aucune urgence ? Abstenez-vous. Et attendez une heure décente.

Quand enfin l'horaire vous paraît raisonnable, en entendant la voix de votre copine, demandez-lui, c'est un minimum, si vous ne la dérangez pas. On oublie parfois que nos amies, même si elles sont l'incarnation même de la disponibilité, ont aussi une vie à elles. Et que, si vous êtes un de leurs centres d'intérêt, vous n'êtes pas le seul.

* *
*

Même chose pour les mails. Vous recevez sans cesse des blagues vaseuses, des dessins humoristiques, des anecdotes croustillantes sur tel homme politique ? Formidable. Avant de les transférer à toute votre bande, posez-vous une question, une seule : est-ce vraiment le bon moment ? Songez seulement que Jeanne est peut-être en train de travailler d'arrache-pied sur un bilan comptable et que se faire interrompre toutes les dix minutes par un mail désopilant sur les frasques de Silvio Berlusconi pourrait la rendre de méchante humeur.

* *
*

Votre meilleure copine n'est pas en forme. Et compte sur vous pour remédier au problème. Tout irait pour le mieux si vous n'étiez pas interrompue par la sonnerie de votre téléphone portable. Vous décrochez et discutez avec une tierce personne pendant un long moment. Jeanne croira, et on comprend ses doutes, que vous avez mieux à faire. Ce moment particulier perdra infiniment de son charme. Vous devriez être tout à votre amie. Et le mieux pour ça, c'est encore d'éteindre votre satané portable.

* *
*

Connaissez-vous la différence entre les mots « dialogue » et « monologue » ? On se pose parfois la question en assistant à une discussion entre copines. Une amie comprendra toujours que vous ayez beaucoup de choses à raconter, surtout si vous rentrez de voyage ou si vous commencez un nouveau job. Mais ce n'est certes pas une raison pour ne pas lui poser des questions sur sa vie, car, ne l'oubliez pas, même s'il vous est arrivé quelque chose de sensationnel, elle aussi a droit à la parole. Une copine est là pour écouter mais aussi pour s'exprimer !!!

Après votre laïus, écoutez ses commentaires et ne l'interrompez pas : je parie que vous ne le regretterez pas.

* *
*

Lorsque j'avais une vingtaine d'années, j'ai agoni d'injures une amie très proche. La raison ? J'en ai honte en l'écrivant, elle était en retard à un rendez-vous. Un rendez-vous sans grande importance : nous allions au cinéma. Elle est arrivée avec vingt minutes de retard, toute souriante, sans se douter un instant qu'elle allait passer un très mauvais quart d'heure. J'avoue que j'ai été effrayante, crachant un venin… disproportionné. Je la revois encore écouter mes injures sans dire un mot avec dans le regard un je-ne-sais-quoi d'incompréhension totale. Elle attendait patiemment que je me calme. Quelle leçon ! Je me suis retrouvée là, grotesque, à bout de souffle. J'ai réalisé qu'elle ne méritait pas tant d'animosité, et, pour la première fois de ma vie, je me suis excusée auprès d'elle. Je lui ai dit que je ne pensais pas un mot de tout ce que je venais de lui asséner et elle ne m'en a pas voulu. Je suis sûre que cette copine a oublié l'anecdote. Elle est restée gravée dans ma mémoire. En quelques secondes, j'avais grandi.

J'avais compris que rien n'est plus important que le respect, même avec ses copines, à qui on croit pouvoir faire tout endurer. Depuis, je m'astreins à rester polie avec elle même quand je rate le début d'un film. Je n'en pense pas moins, mais je garde mon calme. S'excuser, quand on a été trop loin, peut être un grand soulagement, ne nous en privons pas.

* *
*

On peut être de grandes amies, à la vie à la mort, et ne pas se mêler de tout. Surtout quand on ne vous a pas demandé votre avis. Une copine remontée contre son mari, ses enfants, son boulot, a, parfois, simplement besoin d'être réconfortée. Il faut sentir quand on peut s'immiscer dans sa vie intime. Eh oui, la diplomatie fait partie intégrante du savoir-vivre entre copines. Dire « j'ai toujours pensé que tu n'avais pas été assez sévère avec tes enfants » est non seulement stupide mais aussi grossier, cruel et bien trop brutal. Dire « Peut-être que tu devrais… », c'est déjà mieux ! Une fois encore, l'intimité ne permet pas tout. On doit prendre des gants, même quand on est sincères. Pour protéger ses copines, et puis pour les faire avancer. Certaines trouveront ces propos très banals, mais c'est bien de le rappeler de temps en temps.

* *
*

Dans un épisode de *Desperate Housewives*, deux amies ne peuvent se parler qu'en se lançant des piques cruelles. C'est leur façon d'exprimer leur tendresse. Leurs dialogues sont hilarants. Elles-mêmes semblent adorer ça puisqu'elles connaissent par cœur le fonctionnement de l'autre. Je m'amuse souvent à dire des horreurs à des copines, elles savent, bien entendu, que je plaisante. Seulement, il faut savoir s'arrêter à temps. Car les copines perdent parfois leur sens de l'humour pour une multitude de raisons, dont la principale est qu'elles sont de mauvais poil. Rangez par-devers vous la petite allusion marrante mais pas très sympa qui vous vient à l'esprit. Votre copine n'a pas envie de l'entendre. Ressortez-la plus tard, autour d'un petit coup de rouge, quand vous serez toutes les deux sur la même longueur d'onde.

* *
*

Ce soir, c'est vous qui recevez votre meilleure copine. Et si vous faisiez un petit effort ? On devrait toujours mettre les petits plats dans les grands avec une copine. Parce que, après tout, elle le vaut bien. Penser à choisir le vin qu'elle aime, à préparer le plat qu'elle préfère, à mettre un joli couvert, ça fait toujours plaisir !

Votre amie est peut-être au régime, ça arrive si souvent ! Préparez-lui des mets « light », et oubliez votre fameux moelleux au chocolat, ce ne sera pas une bonne idée. On ne devrait jamais tout faire au dernier moment, comme si ce dîner était le cadet de vos soucis. Non, c'est important de montrer que ces soirées-là sont importantes. On oublie le jambon purée, et, pour une fois, on se met aux fourneaux.

À son arrivée, ne vous vantez pas d'avoir préparé son plat préféré, attendez qu'elle vous en félicite et acceptez ses compliments avec juste ce qu'il faut d'humilité. Ne la harcelez pas de questions, laissez-la se détendre, râler contre son boss, se plaindre de ses insomnies si elle veut. Bien sûr, le plus important, ce ne sera pas uniquement ce qui se trouve dans les assiettes, mais de bons petits plats contribueront à faire de cette soirée un moment unique.

* *
*

Une amie vous a rendu un grand service. Pour elle, rien de plus naturel. Elle considère sûrement que c'est son rôle. Mais ce n'est pas une raison pour oublier de la remercier, pour ne pas lui montrer votre reconnaissance. Un petit cadeau, des fleurs ou des chocolats, juste pour qu'elle sache que vous avez conscience de la chance que vous avez de la connaître. Mieux encore : une lettre. Pas un mail, ni un SMS, une vraie lettre, drôle ou touchante, selon votre humeur. Ça vous paraît un peu trop ? Attendez un peu de voir sa réaction…

* *
*

On adore ces déjeuners au bistrot avec une copine. Alors, entre nous, pas d'histoire de sous. Pour mettre tout le monde à l'aise, on ne s'embête plus à diviser l'addition en deux parts égales. Aujourd'hui, elle est notre invitée, la prochaine fois, on sera la sienne, c'est plus agréable. Car, franchement, faire des comptes avec une copine, ce n'est pas ce qu'on préfère.

* *
*

Vous venez d'assister à une scène pénible. Votre meilleure copine et son mari ne sont pas d'accord. Mais alors pas du tout. La conversation s'envenime et finit en pugilat. Aïe ! Gênée, vous rêvez secrètement d'être ailleurs. Vous avez beau regarder en l'air, fouillez fébrilement dans votre sac, lire avec attention l'étiquette de la bouteille de vin, la question fatidique, celle que vous attendiez depuis un petit moment, vous tombe dessus : « Et toi, qu'est-ce que t'en penses ? » Au secours. Le savoir-vivre, c'est aussi un peu de lâcheté, un peu d'hypocrisie et un peu de faiblesse, osons le dire. Vous êtes pour la paix des ménages ? Alors taisez-vous. N'entrez pas dans le débat, vous n'en sortirez pas vivante. Et vous vous mettrez à dos tout le monde. Vous pouvez essayer le « Je n'ai pas entendu le point de départ », qui ne sert à rien puisque votre copine se fera un malin plaisir de tout vous réexpliquer. Le « Là, vraiment, je ne sais pas quoi vous dire » qui vous fera passer pour la pire des lâcheuses. Soyez magnanime : tâchez de trouver la bonne formule qui ne fâchera personne. Le « Je crois que vous avez raison tous les deux » ou « tort tous les deux », ne suffira pas, je le crains. Je me suis risquée un jour à dire tout simplement : « Je me faisais une joie de vous voir, ne gâchez pas tout », qui a eu son petit effet.

Quoi qu'il en soit, et lorsque vous êtes témoin de ce genre de scène, gardez-la pour vous. N'allez jamais, jamais raconter que « Jeanne, ça va pas du tout avec Paul ces temps-ci ». Ce ne serait pas digne de vous.

* *
*

La discrétion est une des clefs du savoir-vivre. Lorsqu'on est invitée à dîner chez une copine, inutile de le hurler sur les toits. Qui vous dit que Jeanne y a été conviée ? Rien. Dans le doute, on s'abstient.

* *
*

Julie a une bibliothèque bien remplie. C'est d'ailleurs elle qui vous prête les derniers romans dont on parle. N'oubliez pas de les lui rendre ! Et prenez-en soin.

J'ai un jour retrouvé, en aidant une amie à déménager, une vingtaine d'ouvrages qui m'appartenaient. Elle était éberluée, persuadée de me les avoir rapportés depuis belle lurette. Tout cela n'était pas bien grave. Mais, depuis ce jour, je sais qu'elle est très attentive aux petites affaires qu'on lui confie.

* *
*

Ne pas faire de ragots, faire en sorte de ne pas faire souffrir ses copines, être attentive, c'est, bien sûr, au-delà du savoir-vivre. Plutôt une conduite évidente, même intuitive. Que cela ne vous empêche pas, parfois, de repenser à ces règles que vous avez apprises enfant. Promis, elles vous aideront à savoir (mieux) vivre entre copines…

Les copines à tous les âges

La plage de Saint-Palais est vide. Je m'assieds un instant sur le sable. C'est toujours un bonheur saisissant de m'installer à cet endroit précis au début de l'été. Toujours un déchirement d'en repartir. Peu à peu, les copines descendent le grand escalier qui mène à la plage. D'un geste machinal, elles enlèvent leurs chaussures, installent leur serviette, regardent la mer. Elle n'a pas bougé : tant mieux, elles feront leur longue nage. Tiens, c'est Virginie, tout là-bas, et Odile et Anne sont arrivées. Plus loin, Florence et Diane discutent avec Cécile. Valérie et Anne-Marie m'appellent. J'arrive, mais voici Patricia et Christine qui me font signe. Je regarde ces copines que je connais depuis l'enfance et que je retrouve chaque année. Toutes ces copines qui ont servi de modèle pour ce livre. Ces copines aussi fidèles à cette plage qu'à notre amitié. Leurs enfants nous ressemblent. Dans un coin, Lorène et Lucie s'esclaffent. Dans un autre, Danièle et ma mère les regardent. Juste derrière, Anne se décide à prendre un bain. Les premières ont douze ans, les secondes pourraient être leurs grands-mères. Quant à Anne, elle aura quarante-huit ans le mois prochain. La différence d'âge n'y fait rien. Toutes ont des copines qu'elles aiment, qui sont une part importante de leur vie. Cette plage posséderait-elle un pouvoir magique ? Elle a en tout cas créé des amitiés depuis plusieurs générations. J'y ai moi-même construit quelques relations solides. Et je ne suis pas la seule…

Lorène est la blonde. Lucie, la brune. Elles font des efforts inouïs pour se ressembler, mais rien n'y fait. Elles ne seront jamais sœurs, puisqu'elles sont cousines. Ce lien familial est très important pour elles. Comme un gage *ad vitam aeternam.* Elles se baladent sans cesse ensemble. Quand on en voit une, on cherche forcément l'autre du regard. Cela dure depuis toujours, depuis douze ans. Pendant onze mois, ces deux cousines hors du commun ne se voient pas. Lucie vit à Singapour, Lorène à Tours. Saint-Palais au mois d'août est leur point d'ancrage, leur paradis. Tant de choses à se dire, tant de temps à rattraper. Plus je les regarde et plus je me dis que ce n'est pas tout à fait vrai qu'elles ne se ressemblent pas. Elles sont aussi délicieuses l'une que l'autre. Leur sourire, leur gentillesse sont les mêmes. Ce n'est pas très étonnant puisque leurs mères sont mes copines.

Les adultes disent qu'elles sont toujours fourrées ensemble. Et alors ? Elles se voient peu, alors autant que ce soit intense. Elles ont beau être cousines, « germaines » ajoute Lorène, elles n'ont qu'un petit mois pour tout se dire. Elles en savent déjà beaucoup l'une sur l'autre car elles s'écrivent une fois par semaine sur des feuilles double qu'elles sont obligées de remplir de A à Z. S'il arrive qu'elles se disputent avec leurs copines de classe, elles deux ça n'arrive jamais. « C'est impossible, on veut d'abord se faire plaisir et profiter de toutes les minutes qu'on passe ensemble. Si on commence à se faire la tête… »

Les premiers jours des retrouvailles, elles se racontent leurs vies qui sont très différentes. Elles parlent de leurs amies, qu'elles n'inviteront jamais à Saint-Palais : « On n'en a pas vraiment envie. Ici, c'est chez nous. C'est un peu égoïste, hein ? » Parfois, elles rêvent qu'elles vivent dans la même ville, qu'elles sont dans la même classe. Si ce rêve devenait réalité, elles seraient très heureuses et, en même temps, elles se demandent quand même si leur relation ne serait pas forcément différente, plus banale.

Le père de Lorène est le frère de la mère de Lucie, ce n'est pas rien. Elles ont la même grand-mère, ce n'est pas rien non plus. Un lien encore plus fort. Cette grand-mère leur prête son jardin pour faire une boum tous les ans. « On est autant chez nous l'une que l'autre dans cette maison. Comme deux sœurs. » Nous y revoilà !

Pensent-elles déjà à leur avenir commun ? « Quand on y réfléchit bien, on se dit qu'on ne peut pas imaginer ne plus être copines. Ce serait impossible de ne plus s'aimer. » Elles feront tout pour que ça ne se passe pas ainsi. Si Lucie épouse un garçon que Lorène n'aime pas, elle se forcera jusqu'à ce qu'elle y arrive. Et si Lorène tombe amoureuse du même garçon que Lucie, l'une des deux s'effacera, c'est sûr. On leur dit que ce n'est pas toujours aussi facile, mais elles préfèrent rigoler : « Nous, on est les deux doigts de la main, alors ça marchera ! »

Les deux enfants se disent très complices. Elles se comprennent en se regardant et quand elles veulent se dire des secrets devant leurs frères et sœurs, elles ont des codes. On insiste, mais impossible de savoir lesquels.

Aux premiers jours du mois d'août, quand elles arrivent à Saint-Palais, leur cœur bat très fort : elles savent qu'elles vont enfin se retrouver. Elles sont tellement impatientes qu'elles ne pensent plus qu'à ça. Ne parlent que de ça. « Ça énerve nos mères ! » Le grand jour, quand elles s'aperçoivent, elles se jettent dans les bras l'une de l'autre. Jamais intimidées de se retrouver après tout ce temps. « Et surtout, jamais déçues. »

* *
*

Quand Danièle rit, elle plisse le nez. Ça me fascinait beaucoup quand j'étais petite. Je ne m'y suis toujours pas habituée. Et je fais exprès de lui dire un truc marrant pour la voir faire. De toute façon, Danièle rit beaucoup, une façon sans doute de conjurer le malheur. Elle est une amie de ma mère depuis… très longtemps. Je ne donne pas de dates, ça les agacerait. Elles se sont connues à Saint-Palais, sur cette même plage où m'ont parlé Lorène et Lucie. C'est d'ailleurs ici que je la vois le plus souvent avec son mari.

Sorte de tante très aimante quand j'étais enfant, elle reste quelqu'un dont je me sens proche.

Danièle a fait la connaissance de ma mère à dix-huit ans. Jeune mariée, elle avait naturellement suivi l'homme de sa vie pour les vacances d'été. C'était à Saint-Palais où Jacques avait toute sa bande de copains. Dire qu'elle a été accueillie avec chaleur serait mentir. Ils étaient tous plus âgés qu'elle, c'était si facile de la toiser. Ils ne s'en sont pas privés. Danièle admirait toutes les copines de son mari, si élégantes, si femmes, alors qu'elle se sentait si petite fille. Elle trouvait ma mère très belle et très… peste. Bref, ça ne collait pas. Tous les étés, pendant au moins trois ans, Danièle a fait semblant d'être heureuse de passer ses soirées avec ces « vieux » pas sympas, c'est le moins qu'on puisse dire. Quand elle a eu des enfants, les choses se sont arrangées. « On avait enfin un point commun. » Et puis son fils est tombé gravement malade. Elle repense avec émotion à ma mère qui a été toujours présente et qui, peu à peu, est devenue une amie. À la mort de son fils, elle l'a entourée avec beaucoup de patience. « C'était tout elle : un mélange de générosité et de brusquerie. Alors que tout était au-dessus de mes forces, elle m'obligeait à me maquiller, appelait mon coiffeur et prenait rendez-vous sans me demander mon avis. Elle menait une bataille. » Et puis un jour, cette précieuse amie lui a donné sa robe noire de chez Carven à laquelle elle tenait tant : « Je lui avais dit un jour qu'elle était bien coupée. Va savoir pourquoi, cette petite robe noire est un lien qui m'unit à jamais à ta mère. »

Danièle a quelques amies, pas tant que ça finalement, qui comptent beaucoup pour elle. Pourtant, elle a du mal à raconter ses angoisses, ses chagrins. Par pudeur sans doute. Et puis, elle n'est pas femme à s'épancher : « J'ai déjà donné, merci. » Elle ne téléphone pas beaucoup non plus. Ma mère le sait et ne s'en offusque jamais : « Elle a bien conscience que je suis toujours là pour elle et que, si j'ai besoin de l'appeler, je n'hésiterai pas. »

Pendant toutes ces années, presque une vie, les deux copines ne se sont jamais perdues de vue. Quand Danièle était plus jeune, les réflexions parfois agressives de ma mère la faisaient souffrir, maintenant, rien ne la fait plus rire. Elle la connaît par cœur, et sait que c'est sa manière à elle d'évacuer sa mauvaise humeur. Pourquoi s'en faire ? De toute façon, Danièle le dit et le répète : elle ne se brouille jamais avec personne. Le jeu n'en vaut pas la chandelle. Mais attention tout de même : si on s'attaque à son mari ou à ses enfants, ça peut faire mal. À bon entendeur…

* *
*

Anne prend son temps à présent. À Saint-Palais, elle ne se soucie plus de ses enfants. Ils sont grands, indépendants. À la différence de quelques autres mères sur la plage, elle n'a plus sans cesse un œil rivé sur l'océan : les petits savent nager depuis longtemps. On l'aperçoit parfois, assise sur le sable. À quoi pense-t-elle ? Peut-être à ces petits instants de solitude qu'elle peut enfin s'accorder ? Peut-être aussi à ces moments qu'elle consacre à ses amies. Et à voir son sourire quand on lui en parle, les copines, elle adore ça.

Pendant de longues années, toute son énergie était focalisée sur sa famille et son travail. À dix-huit ans, comme beaucoup de filles de sa génération, elle pensait d'abord à sa réussite professionnelle. Peu à peu, Anne a perdu de vue ses amies d'enfance, toujours sans fracas. Tout doucement, la vie les a séparées.

Si elle est heureuse aujourd'hui, c'est d'abord parce que, à bientôt cinquante ans, elle a du temps. Du temps pour elle. Même si elle aime toujours autant son travail, ce n'est plus sa priorité. Les enfants ont moins besoin d'elle, et retrouver ses copines, tous ces rites, est un bonheur qu'elle avait presque oublié. Son grand plaisir, c'est d'aller au cinéma avec elles. « C'est peut-être idiot, mais avec mon mari et mes trois enfants, j'avais oublié ce que c'était qu'une soirée entre filles. » Pendant ces dîners, Anne réalise qu'elles ont toutes évolué différemment, mais qu'une chose les unit : la sérénité. Elles parlent toujours autant des hommes, comme avant, mais de façon moins passionnelle, moins angoissée. Plus légères. Elles ont eu des difficultés dans leur vie, mais savent maintenant faire le tri entre les vrais drames et les autres. Entre copines, elles reviennent peu sur le passé : « Ce n'est pas un thème rassembleur ! » Leurs discussions sont plutôt axées sur l'avenir. Depuis deux, trois ans, elle vit l'amitié comme lorsqu'elle avait vingt ans à la fac : avec ce sentiment d'appartenir à un cercle, solide et sûr, qui prend de plus en plus de place dans sa vie.

Anne a connu beaucoup de copines grâce à ses enfants. De nombreuses amitiés naissent devant la porte des écoles. « Les petits sont invités chez les uns, on emmène les autres en week-end et les mères se rapprochent naturellement. C'est un bon vivier ! »

Au fil du temps, Anne avoue avoir aussi perdu des amies. À cause des maris la plupart du temps ! Classique. On ne peut pas aimer tout le monde. Mais, quand un couple ne fonctionne plus, c'est une copine qu'elle récupère !

Elle a l'impression qu'il y a des passages dans l'amitié comparables aux périodes de l'existence. Quand on respire un peu dans sa vie personnelle, on savoure davantage de passer du temps avec ses copines. « Je vis une époque bénie en ce moment. Et j'en profite ! »

La fille d'Anne a vingt ans. Elle l'observe souvent quand elle est avec ses copines. « C'est fou, on change, on évolue. Mais quand j'entends ma fille parler à ses amies, j'ai l'impression de me voir, non pas il y a trente ans, mais là, maintenant. Je crois que je régresse ! »

Les copines vues par les hommes

Les hommes et les femmes sont-ils aussi antinomiques qu'on voudrait nous le faire croire ? Les livres, les films, les séries nous affirment que nous venons de planètes différentes. Je vois pourtant ces hommes aux terrasses de cafés s'esclaffant ou faire des messes basses et je ne peux m'empêcher de penser qu'il leur arrive d'être comme nous : fidèles en amitié, heureux d'être ensemble. Je me demande parfois ce qu'ils se racontent, si les femmes sont un sujet de conversation fréquent, s'ils osent se parler de choses intimes. En attendant de percer le mystère du sexe opposé, j'ai questionné des hommes sur le regard qu'ils portaient sur ces femmes inséparables. Tous ces hommes sont des amis : je passe du temps avec eux, on a le plus souvent les mêmes goûts, et il m'arrive même de refaire le monde avec eux. Des amis qui me font rire et qui m'agacent… comme des copines.

Je leur ai demandé s'ils en avaient peur, pourquoi pas. Si, au contraire, elles les rassuraient. Nous, on subodore que nos piaillements les horripilent, que nos ricanements les hérissent. J'ai cru comprendre qu'on se trompait, enfin presque.

Ils ont été souvent embarrassés par mes questions. Peut-être n'y avaient-ils jamais réfléchi ? Ou avaient-ils peur de se faire engueuler ? En tout cas, ils savent avec certitude qu'ils sont notre sujet de conversation favori. Et que si on est remontées, on peut facilement les détester… ou les adorer. Entre filles.

Si vous ne connaissiez pas Antoine, vous le caseriez immédiatement dans la catégorie homme fragile. Il a hérité de cette réputation grâce, entre autres, à son allure de très jeune homme, lui qui ne l'est plus tant que ça. Je pense même qu'il doit en jouer. J'apprends peu à peu à le connaître et je le sais plus fort qu'il n'en a l'air. J'aime être avec lui : on se raconte des blagues idiotes qui ne font rire que nous. Des histoires sérieuses aussi, ça ne lui fait pas peur. Les copines, il connaît, sa femme en a une tripotée qui squattent leur appartement pour des discussions sans fin.

Quand il est en forme, Antoine adore les conversations de sa femme avec ses copines. Elles s'interrompent toujours quand il entre dans la pièce. Normal, elles parlent de lui. C'est en tout cas l'impression que ça lui fait. Discret, il s'éclipse, tout en espérant qu'on le retiendra, ce qui n'arrive jamais ! Il lui vient souvent l'envie d'être une petite souris pour entendre tout ce qu'elles se racontent.

Dans les moments de crises conjugales, il avoue moins aimer les copines entre elles. Il n'entend toujours pas ce qui se dit mais cette fois son imagination entre en action : ne seraient-elles pas en train de le poignarder dans le dos ? Antoine a donc une perception de ces conversations en fonction de son état personnel. Il sait que, de toute évidence, sa femme parle de son couple à ses copines. Il le comprend et trouve cela normal. D'ailleurs s'il doit un jour raconter ses problèmes conjugaux à quelqu'un, ce serait à une femme : « Elle sera moins pudique qu'un homme, plus réfléchie, plus honnête, plus crue aussi. » Antoine a toujours eu cette impression qu'une femme le comprendra toujours mieux.

Pourtant, Antoine peut s'ennuyer au milieu de leurs bla-bla : « Quand elles commencent à s'échanger leurs adresses d'esthéticienne, je préfère aller voir ailleurs. Je leur en veux presque de ne pas être toujours à la hauteur de mes espérances ! Ouille, si ma femme me lit, elle va être hors d'elle ! ajoute-t-il, penaud. C'est que je les admire ! Alors quand elles parlent chiffon, je suis toujours un peu déçu. »

Quand Antoine entre seul dans un restaurant et qu'il aperçoit une grande table d'inconnues qui ricanent, il se débrouille pour s'installer à côté d'elles. « J'espère toujours apprendre quelque chose. Pas de voyeurisme, juste l'envie de les écouter tout en me concentrant habilement sur mon journal. Je ne me lasserai jamais de les entendre parler d'un sujet inépuisable : les hommes. » Et alors ? « Elles se trompent beaucoup sur notre compte ! » répond-il, hilare.

* *
*

Yann est fatigué. Ce n'est pas un scoop, plutôt un état naturel. Serait-ce parce qu'il est originaire d'un pays chaud, ou simplement parce qu'il est grand et mince, mais il donne toujours l'impression de trimballer sa carcasse et l'air d'avoir envie d'aller se coucher. Je le réprimande souvent à ce sujet. Ce qui le met très en colère. On se balance des insultes. Rassurez-vous, c'est un jeu que nous pratiquons depuis plusieurs années et qui remporte un franc succès auprès de nos amis. Les filles, Yann connaît bien. « Trop bien », soupire-t-il, avant d'aller se vautrer sur le canapé.

Il a été élevé avec deux sœurs plus âgées que lui, qui avaient chacune de très nombreuses copines. Il les entendait vaguement se raconter des tas de trucs, des trucs de filles, c'est-à-dire incompréhensibles. De toute façon, la porte de leur chambre était infranchissable. S'il se risquait à pénétrer dans leur univers, il se faisait expulser *manu militari*. Tout cela ne l'a pas dégoûté des femmes, bien au contraire !

Devenu adulte, et quand on l'y autorise, il adore participer aux discussions de sa femme et de ses copines. Elles l'interrogent : « Toi qui es un homme, tu ferais quoi ? » Et il devient le centre d'intérêt de la soirée !

D'autres fois, Yann rentre chez lui, fatigué, et il n'a aucune envie de participer aux discussions. Mais il s'allonge sur le canapé et ferme les yeux. Entendre le murmure de leur débat le calme. Comme une petite musique apaisante :

« Ce qui ne veut pas dire que je me désintéresse totalement de ce qu'elles disent. Mais, si je ne suis pas d'accord, je n'ai pas la force de les contredire. »

Il aime beaucoup les relations entre copines, il trouve même cela sain. « Dans les couples, c'est bien que les femmes aient des amies, ajoute-t-il. Elles savent trouver les mots, dédramatiser certaines situations en cas de crise, désamorcer les conflits. J'ai toujours considéré les copines de ma femme comme des complices, jamais comme des rivales. »

* *
*

Il est si jeune, Alexis. Et si proche de ses amis. Il a peur, je crois, qu'on ne l'aime pas assez. Jamais il n'oubliera votre anniversaire. Mais vous en voudra à mort si vous ne fêtez pas le sien. Il est si jeune et si savant. Il m'épate.

J'aime son côté féminin. Lui déteste que je lui dise ça, prend même un air furieux, ce qui fait beaucoup rire sa femme, Béatrice. Il a plein de copines, c'est même incroyable (son côté féminin sans doute), plein de copains aussi. Et leur consacre beaucoup de temps.

Pour lui, il est important que sa femme ait des copines. Il faut qu'elle ait des moments à elle où il n'a pas sa place. Il a ainsi l'impression qu'elle « s'aère ». Quand ses amies viennent à la maison, les entendre parler « fringasses » l'amuse beaucoup. Il essaie de participer à la conversation, de donner son avis. À voir leur air navré, il ferait bien de ne pas trop s'en mêler. Même s'il aime beaucoup toutes ses copines, il ne lui viendrait pas à l'esprit de les voir sans Béatrice. La réciproque est vraie : Béatrice ne voit pas ses amis sans lui. Ce n'est pas une règle, juste une évidence.

Il a donc beaucoup de copines. Peut-être le hasard. Peut-être parce qu'il a autant de facilité à parler aux filles qu'à ses copains. Il dit éviter toute ambiguïté et, allez savoir pourquoi, on a envie de le croire. C'est aussi une question de centres d'intérêt. Alexis voit en elles un moyen de parler de ses passions : le cinéma, la musique, la littérature et ses conversations ne sont pas forcément « féminines ». Il a un rapport très facile avec elles. Quelques-unes sont même devenues indispensables. Il serait très, très ennuyé si Béatrice ne les aimait pas, si elle avait un rapport de rivalité avec elles. Cela n'a jamais été le cas car sa femme a l'intelligence de comprendre que si ses copines comptent beaucoup, elle est un cas à part ! Lorsqu'il y a un problème, Alexis est presque sûr qu'il raconte les mêmes choses à ses copines que Béatrice aux siennes. « Pour elle, comme pour moi, c'est une soupape, un moyen idéal de nous calmer, de faire le point. On se sent toujours plus apaisé quand on rentre à la maison. » De toute façon, jamais aucune de ses amies ne lui a parlé négativement de sa femme. Il sait que, malgré tout, la solidarité féminine joue à fond. « Et ça, je n'y peux rien ! »

* *
*

Mon premier est un verre de punch. Mon second, un cargo transatlantique. Mon troisième, une chanson d'Eddy Mitchell. Mon tout est un portrait fidèle des inclinations de mon ami Pierre. Pierre-le-sérieux, Pierre-le-fêtard. Un curieux cocktail, vraiment. Au rhum, bien entendu. Pierre aime les femmes. Toutes les femmes. Passionnément. Trouvera toujours du charme à la bigleuse et touchante la boutonneuse. Pierre est aussi un garçon secret. Bien trop secret. On ne sait que peu de choses de sa vie intime. Ne lui posez pas de questions, il répondra, d'un revers de la main, « rien, non, je n'ai rien de spécial à raconter », même si on est sûres du contraire. Pourtant, quand je lui ai demandé ce qu'il pensait des femmes entre elles, il fut intarissable. « Un sujet pour moi, ça ! »

Voir des copines entre elles a toujours été pour Pierre un spectacle fascinant. Fascinant comme cet éternel mystère féminin qu'il ne se lasse pas d'essayer de comprendre. Pour lui, c'est aussi très érotique de regarder des femmes sans les entendre. Son esprit vagabonde, toujours intrigué. Que disent-elles ? Qui sont-elles ? Savoir que, deux fois sur trois, elles parlent des hommes le réconforte. Parfois, il participe à la discussion. Il adore ça. « Quand on est le seul homme, elles deviennent comme plus maternelles. On se sent non seulement protégé mais mis en valeur : le rêve ! »

En revanche, Pierre-le-secret supporterait mal que sa femme parle de son couple à ses copines. Il ne croit pas un instant que l'entourage peut sauver une relation amoureuse. Ni même qu'on peut tenter de l'améliorer. « Ce qui doit arriver arrive, les copines, quelles qu'elles soient, n'y pourront rien. »

Pierre a toujours eu beaucoup d'affection pour les copines des femmes de sa vie, mais il n'a jamais voulu avoir de relations privilégiées avec elles. D'abord parce qu'il ne croit pas un instant qu'il ne puisse pas y avoir d'ambiguïté dans les rapports homme-femme, quoi qu'en disent certains, ensuite parce qu'il imagine que cela pourrait être mal accepté par celle qui partage sa vie. « C'est suffisamment compliqué comme ça ! »

S'il pense qu'une femme doit avoir des copines, des moments rien qu'à elle, il est persuadé que c'est une erreur de négliger sa vie de famille, son couple, pour ses amies. Macho, Pierre ? « Non, mais un homme peut se sentir très vite abandonné, plus qu'on ne le croit ! »

Avant de se quitter, Pierre me raconte que l'autre jour, sur une plage, il a vu toute une bande de jeunes filles. Elles riaient ensemble, se baignaient, fumaient. On les sentait proches. Ça l'a troublé. « Le symbole même de la féminité. »

Conclusion

Avoir des copines, c'est gai, me disais-je sur la plage ce matin. Et puis triste aussi. J'ai déjà été déçue par une amie, j'en ai déçu quelques-unes. Mais n'y pensons plus. Les mauvais souvenirs attendront. Je préfère retenir pour l'instant ces visages familiers qui ne vieilliront jamais. Mes copines d'enfance sont pour moi toujours des enfants, malgré la vie qui les a parfois abîmées, parfois rendues meilleures.

Je les regarde discuter, s'engueuler et puis rire, et je me demande si j'ai réussi à être pour elles un soutien. Je me souviens de mes maladresses, de mes erreurs et je suis parfois si étonnée qu'elles ne m'en tiennent pas rigueur. Chacune d'entre elles peut se vanter de m'avoir aidée à grandir. Avec elles, je suis confiante dans l'avenir, je ne connais pas la solitude. Je ris une fois par jour au minimum. J'ai aussi appris la patience, le pardon. Je suis heureuse quand elles le sont aussi. Je leur suis reconnaissante de me dire que je suis insupportable quand je suis effectivement insupportable.

Je ferais comment sans mes copines ?

« On se jurait une amitié qui devait durer toute la vie ; et que de mines, que d'embrassades, que de tendresses, que de transports mignards, que de chuchotages », ont écrit les Goncourt. Cette définition des « amies de cœur », comme ils les appellent, me fait sourire. C'est si loin de ma vision personnelle. Je ne me souviens pas avoir un jour « surjoué » le plaisir d'être avec elles. Je n'ai pas besoin d'être plus tendre, plus complice, plus protectrice qu'à mon habitude. L'amitié que je porte à mes copines n'est construite que sur cette idée : avec elles, je suis toujours moi-même.

Conclusion

Perdue dans mes pensées, j'en oublie qu'il fait froid. Frissonnez sur la plage de Saint-Palais et quinze pull-overs vous seront prêtés sur-le-champ. Je me lève, c'est l'heure du départ. On a le cœur gros. Et un peu envie de pleurer mais ce n'est pas le genre de la maison. Alors, on se raconte deux, trois blagues. On pense à l'année prochaine, où on sera là, toutes ensemble, au rendez-vous des copines.

Table

CET OUVRAGE A ÉTÉ COMPOSÉ
PAR DOMINIQUE GUILLAUMIN (PARIS)
ET ACHEVÉ D'IMPRIMER EN FRANCE
PAR NORMANDIE ROTO IMPRESSION S.A.S.
À LONRAI (61250)
POUR LE COMPTE DES ÉDITIONS J.-C. LATTÈS
17, RUE JACOB, 75006 PARIS
EN AVRIL 2012

Dépôt légal : mai 2012.
N° d'édition : 01 – N° d'impression : 12-1425